EL GOLF ES
EL JUEGO
DE LA CONFIANZA

EL GOLF ES EL JUEGO DE LA CONFIANZA

DR. BOB ROTELLA
y Bob Cullen

TUTOR

Editor: David Domingo
Coordinación editorial: Paloma González

Primera edición: 1999
Segunda edición: 2002
Tercera edición: 2006
Cuarta edición: 2018

Título original: *Golf is a Game of Confidence*
Publicado por Simon & Schuster, New York

c/ Impresores, 20
P. E. Prado del Espino
28660 Boadilla del Monte, Madrid
Tel.: 91 559 98 32
e-mail: info@edicionestutor.com
www.edicionestutor.com

Socio fundador
de la World Sports Publisher's Association
(WSPA)

ISBN: 978-84-7902-212-9
Depósito legal: M-7.751-2018
Impreso en Artes Gráficas COFÁS
Impreso en España - *Printed in Spain*

A mi hermano Guy. Gracias por dejarme
jugar con los mayores.
Gracias por mostrarme la importancia
de la educación.
Y gracias por ser un gran editor.

Sumario

Introducción

A VECES, LOS GOLFISTAS ME PIDEN QUE LES DEFINA LO QUE es para mí la confianza.

Me considero muy afortunado por haber pasado más de veinte años trabajando con deportistas, como instructor principal, como un entrenador de la mente. Y de esos veinte, alrededor de doce me he dedicado a enseñar y dirigir a profesionales de golf. Gracias a todo ello, aquí presento una de las mejores definiciones que puedo establecer:

La confianza es jugar con los ojos.

Esto lo he oído de boca de deportistas de todas las modalidades en las que es necesaria la puntería. Pensemos en el lanzador de baloncesto ante un tiro libre: simplemente mira la canasta y deja que todo fluya. Pensemos en un buen *pitcher* de béisbol: mira al guante del *catcher* y la lanza allí. Pensemos en el tirador al plato: mira de reojo al plato y aprieta el gatillo.

El ojo del deportista que tiene confianza apunta directamente al objetivo. La mente y el resto del cuerpo simplemente reaccionan. El lanzador de baloncesto nunca se da a sí mismo una clase sobre los mecanismos de cómo enviar la pelota por el aire. El *pitcher* no hace un repaso mental del movimiento del hombro, brazo, codo, muñeca y dedo que produce el efecto de izquierda a derecha.

El tirador al plato no necesita analizar cómo coordinar los movimientos de su torso y del dedo que aprieta el gatillo.

Los deportistas que se sienten seguros dejan que la mente y el sistema nervioso realicen las habilidades que han entrenado y perfeccionado, sin que interfiera la parte consciente de la mente.

Para el golfista debería suceder lo mismo. Un jugador de golf confiado ve dónde quiere que vaya a parar la bola. Algunas veces, incluso después de volver a poner su vista sobre la bola, continúa viendo el objetivo con el "ojo de su mente". Deja que su cuerpo mueva el palo. Cuanto más confiado se sienta, mayor será la probabilidad de que la bola vaya al objetivo.

No sé por qué ocurre esto. Sólo sé que así se creó el organismo humano para funcionar, y es la forma en que funciona mejor.

Claro que si todo el mundo estuviera dotado de una abundante y constante dosis de confianza, mi profesión no existiría. Pero no todo el mundo lo está.

La mayoría de golfistas sólo experimentan confianza de forma ocasional y por casualidad. Normalmente juegan bajo un estado de tensión reprimida. Su *swing* y los resultados lo reflejan. Pero sin saber cómo, por razones que no entienden, todo se aclara. Dan un par de buenos golpes, meten uno o dos *putts,* y de repente, sienten la confianza. Comienzan a jugar con los ojos, golpeando la bola hacia cl objetivo, y experimentan el golf desde un nivel totalmente distinto. Ensartan pares y *birdies* uno detrás de otro. Vislumbran su potencial como golfistas.

Pero, inevitablemente, el *swing* se sale de sitio, un par de *putts* se escapan del hoyo, y el encanto de la confianza se acaba. Estos golfistas no controlan su desaparición, del mismo modo que no controlan el paso de una tormenta por encima del campo. Acaban sus vueltas con su antiguo juego, con recuerdos aún recientes de su buena racha, y con una punzante sensación de frustración.

Los golfistas con los que trabajo se niegan a esperar que la confianza caiga del cielo. La mayoría son profesionales cuyos sueños y forma de ganarse la vida dependen de encontrar el modo de jugar con confianza. Algunos son *amateurs*, desde *scratch* hasta *handicaps* altos, que simplemente quieren jugar al golf lo mejor posible, y entienden que este juego requiere confianza.

En todos los deportes, la confianza es lo que separa a los ganadores del resto. Los mejores deportistas combinan la confianza con la capacidad física. Pero todos los entrenadores inteligentes que he conocido, si tienen que elegir entre un deportista competente que carece de confianza, y uno que posee menos condiciones físicas, pero su mente está lista para maximizar su potencial, y está seguro de ello, elegirá al que posee confianza.

Instruyo a jugadores de golf que están dotados de libre voluntad, que pueden controlar y ser responsables de sus pensamientos. Pueden decidir pensar con confianza, llevarla consigo cada vez que salen al campo, y mantenerla desde el primer al último *swing* que hagan.

Pero el desarrollo de la confianza requiere un compromiso honesto.

Me he dado cuenta que la simple fijación de esta premisa no atrae a mucha gente. No están acostumbrados a pensar de la forma en la que piensan los grandes jugadores. No pueden creer que la confianza es algo que pueden aprender y controlar.

Algunos de ellos ven la confianza verdaderamente como una forma de engaño personal. Con frecuencia me encuentro con gente que me dice que detenerse en los pensamientos que reflejan lo que ellos quieren que suceda –otra buena definición de confianza– no es realista. Para mí, lo que les ocurre es que acaban de encontrar un razonamiento para los pensamientos que les vencen.

Creo que pensar con confianza, en golf o en cualquier otra cosa, es ser honesto simplemente con la dirección que uno es capaz de tomar. Esto, al menos, le da a uno la posibilidad de averiguar lo que puede alcanzar.

Algunos golfistas me explican que les resulta muy difícil mantenerse en actitud positiva y confiada. Lo intentan durante un rato, pero abandonan cuando caen en la adversidad.

Suelo responder que parece fácil ser negativo a corto plazo, pero a la larga usted perderá mucha más energía siendo negativo. Será azotado por el juego, pero nunca descubrirá lo bueno que hubiera podido ser. Por consiguiente, si pretende invertir tiempo y energía en golf, le resultará mucho más fácil si es positivo.

He descubierto que los relatos son más instructivos que los discursos teóricos.

Por eso, he escogido dieciocho relatos sobre jugadores que he conocido, y con los que he trabajado: dieciocho hoyos, si usted quiere, de un campo de golf. Algunos de estos jugadores han logrado extraordinarias hazañas en torneos importantes, como la paliza de 8 a 7 que Paul Runyan endosó al gran Sam Snead en el torneo de la PGA de 1938, o el 66 que hizo Davis Love III en la última vuelta del Masters de 1995. Y otros simplemente han roto por primera vez la barrera del 90 ó del 80. Para ellos, estas consumaciones les han resultado igual de gratas que el 66 de Davis.

Estos dieciocho jugadores tienen dos cosas en común. Aman el juego, y todos tienen algo que enseñarle acerca de la confianza, de cómo jugar con los ojos.

1.

Cómo Brad Faxon se mantuvo en el presente

El primer hoyo del Rivera Country Club de Los Ángeles presenta muchas alternativas. Es un gran hoyo inicial, un par cinco de 455 metros. El *tee* de salida se eleva veinticuatro metros y medio por encima de la calle, proporcionándole al jugador una vista panorámica del verde cañón donde está situado el campo. Para los socios, esta elevación les proporciona la confortable seguridad de que al menos, el primer golpe se elevará del suelo. Y esto significa que si incluso el primer par de golpes los dan con hierros o maderas, con los músculos agarrotados, y no llegan muy lejos, siguen teniendo la posibilidad de alcanzar el *green* con tres golpes, y empezar con un par.

Pero para Brad Faxon encontrarse en ese elevado *tee* de salida del hoyo 1, cuando comenzaba su última vuelta del Torneo de la PGA de 1995, resultaba mucho más desafiante. Brad había jugado bien los primeros tres días del campeonato, logrando ir cinco bajo par. Pero alrededor de veinte jugadores lo habían hecho mejor; el líder, Ernie Els, le llevaba once golpes de ventaja. Brad quiere jugar bien en todos los torneos en los que participa, particularmente en los grandes, pero el PGA de 1995 era especialmente importante. Era la última oportunidad para ganar puntos para formar parte del equipo de la Ryder Cup, y Brad había soñado durante mucho tiempo con jugar la Ryder Cup. Cuando el torneo comenzó, se encontraba en el puesto catorce de la lista, a unos cien puntos de los diez primeros, y a un puesto en el equipo. Los cálculos eran complicados, y nada quedaría establecido hasta que se hubieran jugado los últimos golpes del domingo. Pero en esencia, la situación era simple. Para ganar los puntos suficientes y entrar en el equipo, Brad tenía que jugar no sólo una buena, sino una magnífica vuelta, una vuelta que le hiciera sobrepasar al menos a doce jugadores y quedarse entre los cinco mejores.

De repente, se encontró cara a cara con uno de los mayores desafíos del juego. ¿Podía realizar su mejor golf cuando más lo necesitaba?

Brad y los miles de espectadores que se encontraban a la caída del *drive* sabían que, si lo que pretendía era alcanzar el equipo de la Ryder Cup, apenas podía permitirse empezar con un confortable par en el hoyo 1. Quería hacer *birdie* o *eagle* si se terciaba. Para lograr eso, necesitaba una salida larga y precisa. Pero si utilizaba el *driver,* entrarían en juego el fuera de límites que se extendía por el lado izquierdo del hoyo, y los árboles que alineaban el lado derecho. Tenía que alcanzar la calle, porque llegar a *green* de dos desde la gruesa hierba de kikuyu del *rough* era arriesgado. Sin *backspin,* la bola nunca se detendría en el *green*. Por lo tanto, el *driver* lo tenía que jugar casi perfecto. Tenía que jugarlo con confianza.

AFORTUNADAMENTE, BRAD SE estuvo preparando para golpear ese *driver* durante mucho tiempo. Cuando comencé a trabajar con él, a finales de los ochenta, era un jugador joven con un juego corto muy habilidoso y una mente extraordinaria. Brad es una de las personas más entusiastas, optimistas y juguetonas que he conocido. Le encanta jugar a todo tipo de juegos, y es muy creativo. Pero carecía de confianza con su *driver*. Cuando fallaba un *wedge* o un *putt*, como le ocurre a los mejores jugadores, no le costaba nada olvidarlo, y pensaba que el siguiente golpe lo iba a meter. Pero cuando fallaba un golpe de salida, sentía como si todo su cuerpo se quedara sin energía. Y en seguida, sentía que el palo era el culpable.

Trabajamos sobre este problema durante muchos años. Para empezar, Brad jugaba la madera 3 en muchos *tees* de salida donde sus compañeros competidores jugaban el *driver*, sacrificando distancia por el bien de la confianza. Trabajó con un profesor para enmendar pequeños defectos en el mecanismo de su *swing*. Trabajó para desarrollar la disciplina que le hiciera saborear y recordar sus buenos *drives*, y la paciencia para esperar que éstos mejorasen. Gradualmente, se volvió más confiado, y en 1992 superó las dificultades para ganar dos veces, y acabar octavo en la lista de ganancias. Por entonces estaba, y probablemente lo estará siempre, más seguro con un *wedge* o *putter* en la mano. Incluso los mejores jugadores encuentran que ciertos aspectos de su juego les resulta muy fácil; por eso, deben trabajar para confiar en los otros. Pero Brad había empezado de nuevo a cogerle el gusto a su *driver*.

Y Brad hizo algunas cosas inteligentes para prepararse durante la semana del PGA. Muchas veces, tras abandonar el campo, quedaba con amigos y se iba a patinar por los paseos de las playas, desde Santa Mónica a Muscle Beach y Venice, una vuelta de aproximadamente 32 km. Es casi seguro que Bobby Jones, Ben Hogan y Jack Nicklaus nunca fueron a patinar durante la semana de un grande. No es una forma tradicional de prepararse en golf, pero a Brad le gusta el ejercicio, el aire fresco y la compañía de los amigos que hace cuando juega el Circuito. Y es lo suficientemente bueno para sentirse seguro de que no se caerá ni se dañará. Más importante aún, patinar le divierte, le relaja.

Por mi experiencia diré que un jugador que se pasa cada minuto del torneo dando bolas y preocupándose por intentar perfeccionar la forma de llegar a colmar su actuación, es probable que lo haga peor que el jugador que enfoca su preparación como un proceso a largo plazo, que emplea un tiempo razonable para practicar durante el torneo, y que luego encuentra una forma de relajarse y olvidar el golf.

Brad también se detuvo en los pensamientos que podían ayudarle. No había jugado precisamente bien las semanas anteriores al torneo. Empezó bien en el Abierto Británico, pero acabó en el decimoquinto puesto. Luego, volvió a casa, a Nueva Inglaterra, para jugar el New England Classic. Por casualidad, le tocó jugar los dos primeros días con Lanny Wadkins, capitán de la Ryder Cup. Quiso impresionarle mucho, y lo que consiguió fue autopresionarse muchísimo más. No pasó el corte. La semana siguiente, en el Buick Open pasó el corte, pero acabó muy atrás. Sin embargo, durante el viaje a California, Brad pensó que estaba jugando bien. Simplemente no había logrado ajustar su juego y hacer resultados.

Afortunadamente, siempre le ha gustado Riviera. Es un campo cuyos hoyos son visibles; no tiene golpes ciegos. El arquitecto, George Thomas, prefería enfrentar al jugador con las dificultades, en vez de sorprenderle. Brad se siente más a gusto en un *tee* de salida que le ayuda a visualizar el tipo de golpe que quiere dar, y en Riviera el diseño sugiere claramente el *fade*[1] en algunos hoyos y el *draw*[2] en otros. Él se recordó a sí mismo que el campo era de su agrado.

Los *greens* de Riviera aún permanecían blandos tras haber sido parcialmente reconstruidos durante el año anterior. Brad sabía que habría muchas marcas de clavos y que muchos jugadores se quejarían. Decidió planteárselo como una ventaja. Si podía soportar los *greens* tal y como estaban sin quejarse, dispondría de una amplia ventaja respecto a todos los jugadores que se lamentaran y estuvieran convencidos de que por culpa de los *greens* no iban a meter ningún *putt*.

Tal y como solemos hacer, Brad y yo salimos a dar un paseo la tarde anterior a la última vuelta del torneo. Esta vez fue una caminata corta, y luego desde la casa de un amigo, Peter Lomenzo, subimos unas escaleras hasta un pequeño mirador con un banco y una vista sobre el Pacífico. Nos sentamos y hablamos. Él sabe que no existen palabras mágicas, ni trucos elocuentes que pueda utilizar un psicólogo deportivo para introducir a un jugador en el marco correcto de la mente antes de una vuelta crucial. Sabe que no hay descubrimientos asombrosos en la ciencia del comportamiento que yo pueda revelarle para que juegue mejor. Sabe y le gusta el hecho de que nuestra conversación girará alrededor de dos ideas básicas e interrelacionadas, que ya hemos discutido muchas veces con anterioridad. Una es permanecer en el presente y la otra es comprometerse con el proceso. Una gran parte de este libro está dedicada a desarrollar estas dos ideas.

Permanecer en el presente suena simple, tan simple que incluso algunos profesores no pueden entender su dificultad. Hace poco di un *clinic* para los miembros de la PGA en

[1] Ligero efecto de izquierda a derecha en el vuelo de la bola. *(N. de los T.)*
[2] Ligero efecto de derecha a izquierda en el vuelo de la bola. *(N. de los T.)*

el área de Boston. Uno de ellos levantó la mano y me preguntó lo siguiente:

–¿Dónde radica la dificultad para permanecer en el presente? –quería saber–. ¿Cómo puede ser difícil para los jugadores del circuito mantener sus mentes en el presente el domingo?

Le pregunté si había jugado muchos torneos. Me contestó que no. Le pregunté su nombre, y digamos que respondió que se llamaba "Joe".

–Muy bien, Joe –continué–, "¿quién es para ti la mujer más *sexy* de América?

Sin dudarlo ni un momento, nombró a Cindy Crawford.

–Caramba, Joe –dije–. ¡Qué increíble coincidencia! Cuando salía del hotel esta mañana, sonó el teléfono y era Cindy. Me dijo que hoy vendrías a mi conferencia. Quería que te dijera que deseaba verte después. Está en la habitación 201, y dijo que precisamente a las siete estará saliendo de la bañera y poniéndose algo más cómodo. Y es entonces cuando quiere que estés allí. Quiere pasar alrededor de media hora conversando contigo, y luego, de siete y media hasta las diez, quiere hacer el amor alocada y apasionadamente contigo.

Joe se estaba sonrojando.

–Pero, hay una condición, Joe –continué diciendo–. Si en cualquier momento entre ahora y las siete y media piensas en ella, se acaba el trato.

–Eso es imposible –acertó a decir Joe.

–Y tú sólo has estado pensando en Cindy durante cinco minutos –le contesté–. Estos chicos han estado soñando con ganar torneos de golf casi toda su vida.

Después de eso, empezaron a entender la disciplina mental que un afortunado jugador del circuito necesita para permanecer en el presente.

Para jugar al golf lo mejor posible, el golfista tiene que centrar firmemente su mente en el golpe que tiene entre manos, en el presente.

Si el jugador piensa además en otra cosa, la pura reacción entre el ojo y la mente y el sistema nervioso se contamina; y generalmente repercute en la ejecución. Ésta es simplemente la forma en que estamos hechos los humanos.

Un jugador no puede pensar lo que ocurrió en el último golpe que dio, ni en el golpe que jugó la semana pasada cuando se decidía el torneo. Eso es pensar en el pasado. No puede pensar lo increíble que sería ganar el torneo, ni lo terrible que sería perderlo. Eso es pensar en el futuro.

En el caso de Brad, le dije el sábado por la noche que eso significaba que no le causaría ningún beneficio pensar en lo mal que había jugado con Lanny Wadkins en Nueva Inglaterra dos semanas antes, ni en los pocos *putt*s que había metido durante las tres primeras vueltas en Riviera. Eso pertenecía al pasado.

Más concretamente, no le beneficiaría pensar en entrar en el equipo de la Ryder Cup, ni en el hecho de que probablemente necesitaría un resultado por debajo de 65 para hacerlo. Eso sería pensar en resultados, en el futuro.

Brad sabía que no había ninguna forma de que pudiera decidir ignorar la Ryder Cup. Durante todo el verano, el interés por entrar en el equipo había ido en aumento. El *ranking* de puntos estaba colgado en todos los vestuarios; en cada torneo, los periodistas preguntaban a los jugadores con posibilidades cómo se sentían al respecto. La Ryder Cup es una distracción inevitable que los jugadores del circuito tienen que aprender a afrontar. Brad y yo estábamos de acuerdo en que no hay forma de evitar pensar de vez en cuando en la Ryder Cup. Pero no se podía permitir pensar en ello en el campo de golf. Si los pensamientos sobre la Ryder Cup le venían a la memoria cuando se encontraba compitiendo, tenía que darse cuenta, parar y devolver su mente al presente, al golpe que tenía delante.

Brad había resuelto convertir el jaleo de la Ryder Cup en un bien, en lugar de una distracción. Cada vez que alguien le preguntara sobre ello, contestaría que, sí, que quería entrar en el equipo; al tiempo que lo hacía, se recordaría a sí mismo que la mejor posibilidad de hacer eso residía en mantener su mente en el presente, centrada en el golpe siguiente, cada vez que competía.

Durante toda la semana del PGA, se propuso evitar caer en la trampa de calcular dónde se encontraba en relación con aquellos jugadores que también tenían posibilidad de formar parte del equipo, y de estimar qué resultado tendría que hacer para vencerles. Intentar resolver todo esto hubiera apartado tanto su mente del juego que le hubiera sido muy difícil volver a él. Cuando dio el golpe de salida el domingo por la mañana, ignoraba conscientemente el puesto en el que se encontraba.

El sábado por la tarde le dije a Brad que estaba haciendo lo correcto con su mente.

Sólo tenía que ser paciente y confiar en que los resultados llegarían. Le dije que su meta era sencilla: ser capaz de ponerse delante del espejo el domingo por la noche con una gran sonrisa burlona en su cara, capaz de decirse a sí mismo que había confiado en su *swing* todo el día, que se había divertido jugando una significativa vuelta de golf.

Y luego me despedí, porque tenía que coger un avión a primera hora de la mañana del domingo desde Los Ángeles. Una de las grandes cosas que tiene el golf es que una vez que el jugador pone el pie en el primer *tee* de salida, no hay entrenador, doctor en *swing* ni psicólogo deportivo que le pueda ayudar. Sólo le acompaña su mente y su *caddie*. La tarea sólo la puede llevar a cabo él mismo. Vi por televisión lo que Brad hizo en la última vuelta del PGA.

CUANDO SE ENCONTRABA EN el primer *tee* de salida, me contó más tarde Brad, se centró en el proceso de realizar buenos golpes. El proceso varía de un jugador a otro. Algunos jugadores visualizan los golpes que quieren realizar y conciben todo lo relacionado con ellos –el vuelo, la trayectoria, el bote, y la forma de rodar– en el ojo de su mente. Otros no visualizan. Simplemente identifican el objetivo, y se imaginan la bola dirigiéndose hacia él. Y otros sólo miran el objetivo y reaccionan.

Pero un jugador que confía en el proceso destinado a realizar buenos golpes nunca subirá el palo hasta que sepa dónde quiere enviar la bola, y crea que el palo que tiene entre sus manos la enviará allí.

Los buenos jugadores tienen una rutina física que gira alrededor de este proceso mental para asegurarse que su alineación y postura están siempre correctas. Las rutinas físicas pueden variar. Brad, por ejemplo, algunas veces hace un *swing* de práctica y otras no. Pero la rutina mental que se encuentra en el corazón del proceso no puede variar.

De hecho, Brad estuvo pensando en su primer *drive* desde que se metió en la cama el sábado por la noche. Había visualizado el golpe que quería realizar una y otra vez. Subió al *tee,* se colocó ante la bola, y repitió el golpe que había visto en su mente. La bola voló recta y larga, surcando el cielo, y luego cayó en medio de la calle, a 270 metros de distancia.

Le invadió una oleada de excitación a medida que iba descendiendo a la calle.

El *caddie* de Brad, Cubby Burke, dejó la bolsa en el suelo y le dio la distancia. Tenía 175 metros para superar el gran *bunker* que protegía la parte frontal derecha del *green,* donde estaba situada la bandera. Y estaba a 181 metros de bandera. El viento que generalmente hace en Riviera procedía del cercano Pacífico y soplaba suavemente de derecha a izquierda.

Brad sabía que, en condiciones normales, se trataría de un golpe de hierro 4. Pero ésas no eran condiciones normales. Sentía bombear la adrenalina. Su primera impresión era jugar un hierro 5 con *draw,* justo por encima del *bunker.*

Brad le preguntó a Cubby para saber lo que pensaba.

–Hierro 4 firme –sugirió Cubby.

Brad sabía que Cubby no era consciente de lo excitado y fuerte que se sentía.

–Cub, voy a dar un pronunciado *draw* con el hierro 5 –dijo.

–Bien –respondió Cubby, sacando el hierro 5 de la bolsa–. Visualiza el golpe. Tú sabes lo que quieres hacer con él.

Ésta es una de las razones por las que Cubby es un buen *caddie.* Muchos *caddies* se precian demasiado en su trabajo de medir y de recomendar palos, tanto, que cuando el jugador quiere ir en contra de sus recomendaciones, discuten. Cubby sabe que lo mejor que puede hacer por Brad es ayudarle a sentirse decidido antes de cada golpe. Dijo lo correcto.

Brad continuó su proceso y jugó. El golpe salió sin defectos, exactamente tal y como Brad lo había visionado, un golpe que empezó alto, se cerró hacia la bandera y pasó el *bunker* a escasos metros. Rodó y se pasó aproximadamente cuatro metros y medio de la bandera.

Brad se sentía satisfecho mientras se dirigía hacia el *green*. La superficie de éste se había secado y afianzado algo más desde el sábado. Un hierro medio que sirviera para pasar el *bunker* y llegar a *green* estaba destinado a rodar un poco. Lo había dejado tan cerca de bandera como era posible.

Ahora se enfrentaba con un *putt* para *eagle*. Si había algo que Brad había encontrado a faltar en su juego durante los primeros días, era su forma de jugar el *putt*. Sentía que no había sido lo suficientemente libre.

Cuando hablo de un jugador que se siente suelto y libre en el *green*, no me refiero a que sea descuidado. Lo cierto es que la mayoría de ellos yerran en sentido contrario. No confían ni en su instinto, ni en sus habilidades. Dudan si han leído el *green* correctamente. Intentan forzar la cabeza del palo para mantenerla en la línea. Intentan dirigir la bola hacia el interior del hoyo. Empeoran más la situación por ser demasiado cuidadosos que por ser descuidados.

Cuando Brad juega bien el *putt*, su mente se aproxima mucho al ideal. Nunca piensa en la velocidad. Cree que pensar en la velocidad es como pensar en lo lejos que tienes que enviar la bola cuando juegas al *catch*. El resultado tiene muchas posibilidades de no ser el esperado. De la misma forma, pensamientos como "No te pases demasiado" o "Déjala allí" conducen a hacer muchos tres *putts* por hoyo.

El proceso que sigue Brad en el *putt* empieza con un detallado examen del *green*. El día que está particularmente fino, puede ver con una ojeada cosas que la mayoría de golfistas jamás notarían: la semilla, la densidad del corte de la hierba, parches en donde la hierba es apenas unos milímetros más alta que el resto. Mide la pendiente. Algunas veces le pide consejo a Cubby. Busca la línea sobre la cual la bola rodará hacia el interior del hoyo. En cuanto piensa que tiene esa línea, se coloca frente a la bola, hace uno o dos *swings* de práctica si siente que lo necesita, y seguidamente deja que el *putt* vaya solo, confiando en su primera impresión.

Una vez está colocado sobre la bola, Brad no piensa concretamente en meter la bola en el hoyo. Ya ha escogido una línea de *putt* que hará el trabajo. Se concentra únicamente en la tarea que tiene entre manos: conseguir que la bola ruede bien sobre la línea que ha escogido. Luego espera para ver lo que ocurre, dejando que el *green* se encargue de todo lo demás. Sabe que cuando está inspirado, su rutina y sentidos velarán por el toque y la dirección mucho mejor de lo que lo haría si intentase controlar voluntariamente dichas variables.

Y a la inversa, cuando un jugador piensa en los resultados y no en el proceso, la mente ignora la posición del hoyo.

En el primer hoyo de Riviera, el *putt* para *eagle* de Brad acabó directamente en el hoyo.

Se encontraba bien encauzado, y rezumaba confianza.

Hay gente que diría que es fácil sentirse confiado cuando acabas de meter un *putt* para *eagle*. Pero ¿qué hubiera ocurrido si hubiera fallado el *putt?*

Desde luego que el éxito engendra confianza, pero los grandes jugadores no necesitan del éxito en el primer *green* para adquirir confianza. Procuran mantener la misma actitud independientemente de que entre o no el primer *putt*. Brad, por ejemplo, evita totalmente calibrar su nivel de *putt* tomando como referencia el número de *putts* embocados. Es consciente de que existen muchas variables en juego, algunas de ellas fuera de su control, para lograrlo. Intenta chequear si está jugando el *putt* con confianza y haciendo rodar la bola correctamente sobre la línea deseada. Si lo consigue, y la bola va a parar cerca del hoyo, siente que lo está haciendo bien. Si los dos primeros *putts* no entran, está convencido de que las posibilidades de que el tercer y cuarto *putt* entren aumentan.

No obstante, ¡qué buen sabor de boca le dejó ese primer *putt* embocado!

El hoyo 2 de Riviera es el más difícil del campo, un par 4 de 414 metros, que exige una salida larga con *fade* y un segundo golpe con un hierro largo hacia un *green* estrecho. De nuevo, Brad ejecutó los golpes tal y como los había visualizado. Pero esta vez, su *putt* de siete metros para *birdie* pasó rozando el hoyo.

En el tercer hoyo, Brad, de nuevo, envió el *drive* a la calle. Esta vez había llegado a un lugar desde el que tenía que decidir si jugar un hierro 6 ó 7. Sin pensárselo mucho, pidió el 6. Brad estaba jugando guiado por lo que sentía, confiando en sus instintos. En el hoyo 1 sus instintos le habían dicho que cogiera un palo menos, que jugara un hierro 5 firme. En el hoyo 3, le dictaron que jugara un hierro 6 suave sin forzar la bola, para ir recto a bandera por encima del *bunker*.

Brad era lo suficientemente inteligente para confiar en sí mismo y seguir sus instintos. Sabe que confiar y ser decisivo es más importante para el éxito de un golpe que el calibrar la distancia. Casi invariablemente, el segundo pensamiento de un jugador acerca de la selección del palo se basa en la duda. Casi con seguridad, rara es la vez que funciona tan bien como la primera idea.

El hierro 6 de Brad salió absolutamente recto y se paró a metro y medio de la bandera. Su compañero de juego, José M.ª Olazábal, se encontraba 30 centímetros más alejado del hoyo, por lo que Brad pudo obtener una buena lectura viendo cómo rodaba el *putt* de Olazábal.

Cuando estaba viendo la caída del *putt*, por primera vez permitió que su mente se evadiera del presente. Pensó por un momento que si metía el *putt* se pondría tres bajo par después de haber jugado tan sólo tres hoyos, consiguiendo un inicio brillante.

Hay gente que tiene la impresión de que los jugadores de gran talento nunca tienen pensamientos perturbadores, dudas o temores. De hecho los tienen. Brad no es una excepción. Jugadores de gran talento no se mantienen en el presente en cada golpe, simplemente lo intentan. Los buenos jugadores se controlan a sí mismos constantemente, y reconocen cuándo sus mentes comienzan a evadirse. Y esto es lo que hizo Brad. Se recordó a sí mismo regresar de nuevo a su rutina de *putt*. Utilizó una indicación física: alineó *Tour Balata*[3] escrito en su *Titleist*[4] con la línea sobre la cual pretendía que rodara su *putt*. Y la metió.

Hizo par en el hoyo 4, un par tres de 207 metros. En el quinto *tee* de salida, sacó su madera 3 para jugar ese par cuatro de 377 metros.

Esta opción sugiere la diferencia entre un jugador seguro y un jugador temerario. Brad estaba dándole muy bien al *drive;* no había duda sobre su confianza. Pero el hoyo 5 es un hoyo estrecho, con un fuera de límites a la derecha y árboles a la izquierda. Brad estaba jugando acorde con su plan de juego, y el plan dictaba una madera 3. Tuvo la disciplina de acogerse a su plan.

Más adelante hablaremos con más detalle sobre los planes de juego. Por ahora es suficiente con decir que un buen plan de juego ayuda al jugador a hacer el *swing* con confianza y decisión, porque sabe que ha establecido con anterioridad las opciones estratégicas más racionales e inteligentes.

Su salida en el hoyo 5 se cerró un poco y fue a parar al borde del *rough*. Pero la madera 3 hizo su trabajo, le alejaba

---

[3] Bola de cubierta blanda que utilizan los jugadores de buen nivel y los profesionales. *(N. de los T.)*

[4] Una de las marcas de bolas más famosa. *(N. de los T.)*

de los problemas serios para jugar un hierro 7 a *green,* cosa que hizo, dejándose un *putt* de 9 metros. Brad no había embocado muchos *putts* de nueve metros durante el torneo, pero en cuanto se colocó ante éste, pensó que estaba capacitado para meter uno. Hizo rodar la bola sobre la línea deseada y, en el último momento, se desvió a la izquierda y entró en el hoyo. Iba cuatro bajo par en la vuelta del día.

El 6 es el hoyo representativo de Riviera, un par tres de 160 metros con un pequeño y redondo *bunker* en el centro del *green*. En la realidad, esto significa que el hoyo tiene *greens* alternativos, uno a la izquierda del *bunker* y otro a la derecha. La posición de la bandera ese día estaba al fondo y a la izquierda. Brad pudo dibujar inmediatamente el golpe perfecto: un hierro 6 hacia el borde izquierdo del *bunker* con *draw* hacia la bandera. Así lo hizo, dejándose un *putt* de cuatro metros y medio con caída de derecha a izquierda.

Pudo ver que el hoyo estaba puesto en pendiente. Y el *green* le parecía más peludo. Sintió que ese *putt* iría un poco más lento que el anterior. De nuevo, lo hizo perfecto, y de nuevo entró.

Ese *birdie* trajo consigo ciertas distracciones potenciales. El público rugía, y él notaba que sus seguidores comenzaban a vibrar. Echó una mirada a la pizarra y vio que su nombre estaba en ella. Había pasado de ir cinco bajo par a diez, y se había situado en el grupo de los diez primeros.

Generalmente, no recomiendo a los jugadores que miren la pizarra durante una vuelta. Creo que les saca del presente y desvía sus mentes hacia pensamientos sobre resultados, logros y otras cosas que no les hacen ningún bien. Pero aun así, algunos jugadores la miran; algunas veces resulta inevitable; y si lo van a hacer, les digo que estén preparados para evitar cualquier distracción, y que regresen a la forma de pensar que consiguió colocar sus nombres en lo alto.

No soy el único que recomienda esto, y el golf no es el único deporte donde esto resulta ser una buena idea. Hace un par de años, me encontraba en Phoenix con Billy Mayfair, y teníamos unos pases de primera línea para la Fiesta Bowl[5]. Notre Dame perdía en la primera mitad. Escuchamos lo que Lou Holtz le decía a su equipo en el intermedio.

–Muy bien, chicos, no quiero que nadie mire al marcador –dijo Holtz.

El principio es el mismo.

EN EL MOMENTO que la multitud gritó, Brad pudo sentir que su cuerpo respondía, comenzando a sentirse más nervioso y excitado. Al mismo tiempo, se sintió agudamente sensible a todo lo que le rodeaba. Dio una madera 3 de salida en el hoyo 7, un par cuatro de 368 metros, quedándole un segundo golpe a bandera de 136 metros. Tenía el viento a favor, y se sentía seguro. Dio un hierro 9. Sintió tanto la bola, que mientras iba por el aire, pensó que podría quedarse un poco corta, y le dijo "vuela". Aterrizó a un metro corto de bandera. El *putt* caía un palmo. Brad sabía que era mejor no dedicar mucho tiempo a mirar la caída, pensar demasiado, y ser muy cuidadoso. Golpeó y la metió.

Entonces el público era masivo y ruidoso, y sus amigos desde la galería chillaban. Podía ver gente que había estado siguiendo a otros partidos, acercarse al *tee* del 8. Se sentía apoyado por el ruido y la excitación.

Brad, siguiendo su plan de juego, sacó la madera 3. El 8 es un par cuatro estrecho de 333 metros, con árboles amenazantes que bloquean los golpes de aproximación desde el borde derecho de la calle. Jugó hacia la parte izquierda, pero golpeó demasiado fuerte. Se quedó en *rough* con un *lie* jugable, pero con pocas posibilidades de frenar el *approach*.

---

[5] Torneo de fútbol americano *(N. de los T.)*

Su *wedge* salió hacia arriba desde el *rough*, oscilando un poco en el aire, y botó una vez en el *rough* de kikuyu[6] antes de rodar hacia el *green* y detenerse a dos metros y medio del hoyo. El público gritaba, pensando que Brad lo había planeado de esa forma.

En ese momento, las distracciones asaltaban la mente de Brad. Pensó que si metía el *putt* se colocaba siete bajo par en la vuelta del día, y quizás dentro de los cinco mejores del torneo. Consecuentemente, por primera vez en el día, leyó mal el *putt*. Jugó hacia una caída incorrecta, y la bola se fue del hoyo.

Se dirigió al *tee* del 9. Los espectadores le daban palmadas en la espalda, y le decían lo bien que lo estaba haciendo. De nuevo la brisa estaba a favor, y apuntó su *drive* a un par de *bunkers* que protegían la calle. Alguien del público le dijo a la bola que volara, pero Brad sabía que no era necesario. Su bola sobrevoló 252 metros, por encima de los *bunkers*, quedándole un segundo golpe de hierro 9 ó *wedge* a *green*. Dio el 9 y se quedó a siete metros y medio pasado el hoyo.

Tenía otro *putt* de *birdie*, y ahora sabía que no podía ignorar los síntomas físicos de los nervios. Sus dedos y manos sentían un hormigueo. Los gritos del público repicaban en sus oídos.

Enseño a los jugadores a dar la bienvenida a estos síntomas nerviosos en vez de tenerles miedo. Trabajan y practican toda su vida para lograr una situación parecida a la que se encontraba Brad, una situación en la que la adrenalina fluye. Los nervios hacen que fracasen sólo si temen a los síntomas, y comienzan a centrar su atención sobre sus manos en vez de en el objetivo, si empiezan a preocuparse y a dudar de por qué sus manos están temblando. Cuando hacen

---

[6] Clase de hierba del tipo Bermuda pero de hoja más fina y alargada, aunque igual de resistente, de clima cálido y húmedo. *(N. de los T.)*

esto, los jugadores tienden a pensar que no pueden jugar el *putt* con manos temblorosas. Tienen que recordar que muchos torneos han sido ganados por jugadores que se encontraban en esta situación.

Brad aceptó esos síntomas, y metió el *putt* para *birdie*. Parecía que lo iba a fallar, pero al final, había tanta inclinación que la bola rodó hacia atrás y entró por la parte superior del hoyo.

Cuando se da esta situación en un Grande, el público se convierte en parte de la acción. Brad escuchó un rugido dedicado a él que nunca había oído. Levantó su puño al cielo. Se hinchó como un pavo. Su corazón comenzó a latir con fuerza. Había finalizado los primeros nueve hoyos con 28 golpes. Era el resultado más bajo para nueve hoyos que se había dado nunca en un torneo Grande.

Cuando Brad abandonó el *green*, los espectadores le gritaban cosas como "¡Ryder Cup!" y "¡59!". Alguien que se encontraba cerca del camino por donde pasan los jugadores, le miró a la cara y le dijo: "Puedes ganar esto".

Afortunadamente, a Brad le ha gustado siempre jugar para el público. Se ha pasado toda su carrera haciendo amistades con la gente que le sigue; como consecuencia, casi siempre los *fans* le animan. Algunos jugadores encuentran que llevar mucho público les obliga a querer evitar errores a toda costa, para no quedar en ridículo. Una gran multitud convierte a Brad en una persona que entretiene. Alimenta su energía.

Pero tenía que ser cauteloso y no dejar que el apoyo de la gente alejara su mente del presente. En cualquier caso, era demasiado tentador hacer eso. Cuando Brad comenzaba los segundos nueve, los líderes comenzaban su vuelta, cruzándose con él en las calles paralelas. Al mirarles, el pensamiento de que podía ganar el torneo brillaba en su mente.

Brad trabajó duro para que la excitación no le distrajera.

En el hoyo 10, un par cuatro de 283 metros, optó por salir con un hierro 3, porque el viento no le favorecía, a pesar de saber que algunos de los grandes pegadores intentarían alcanzar el *green* con el *driver.* Su segundo golpe jugado con el *sandwedge* a 70 metros desde la calle se quedó tres metros corto del hoyo, y falló el *putt* de *birdie.*

En el 11, el viento estaba a favor y decidió intentar llegar de dos a *green,* que estaba a 507 metros de distancia. Su *drive* fue perfecto, voló 257 metros aterrizando en una zona estrecha. Atizó una madera 3 de 220 metros, que botó y alcanzó el *green.* El *putt* para *eagle* no quiso entrar esta vez, pero el *birdie* le hizo ponerse ocho bajo par en la vuelta del día, y trece bajo en el torneo.

En ese momento, permitió que sus pensamientos desfilaran delante de él. Tras dos golpes largos en el hoyo 12, le quedaba un *putt* de *birdie* de dos metros y medio. Pero, tal y como me comentó más tarde con su humor característico, "pensé en un montón de cosas: llegar a 9 bajo par, ganar el torneo, mi discurso de ganador".

El hecho más duro es que cualquier jugador que empiece a pensar en el discurso de ganador mientras está jugando los últimos nueve hoyos, tiene pocas posibilidades de pronunciarlo. Jugó el *putt* de *birdie,* pero lo falló por pocos centímetros. El público jadeó como si el *putt* se hubiera fallado por poco, pero Brad sabía que lo había golpeado mal. Diez centímetros en un *putt* de dos metros y medio es una barbaridad para un jugador de su categoría.

A continuación hizo lo único que podía hacer en esas circunstancias. Internamente se rió de sí mismo por haber permitido que todas las influencias externas le afectaran. Y se puso manos a la obra para devolver su atención al lugar donde tenía que estar.

Hizo un buen trabajo consiguiendo par en el 13 y en el 14, y en ese momento, dos pensamientos conflictivos atravesaron su mente. Se dijo a sí mismo: *"No dejes que un par de* putts *de* birdie *fallados te desanimen. Sigue con la rutina. Manténte en el presente."* Pero al mismo tiempo pensaba que sólo le quedaban cuatro hoyos. Necesitaba algunos *birdies* para intentar ganar el torneo.

El 15, de 402 metros, es uno de los hoyos más difíciles de los segundos nueve, con *dogleg* hacia la derecha. Sintiéndose todavía poderoso, Brad hizo volar su *drive* por encima del *bunker* de la calle que marca el desvío del *dogleg*. Y a pesar de que en las vueltas anteriores había jugado hierros 3 y hierros 4 a *green*, ahora tan sólo le quedaba un hierro 6. Pero tenía el viento en contra y un *lie* en pendiente, con la bola más alta que los pies, la típica situación que provoca un *hook*. Eliminó de su mente cualquier pensamiento de *hook* y decidió por contra dar lo que él llama un "*punch-and-hold fade*"[7] contra la brisa. Acabó donde su mente lo había previsto, quedándole un *putt* de cuatro metros y medio.

El movimiento de su *putt* no fue correcto, y golpeó la bola demasiado fuerte. Fue el primer *putt* del día que sintió fallido nada más golpear la bola. Pero su fallo mental se produjo en el segundo *putt*, un *putt* de noventa centímetros cuesta abajo con una pequeña caída hacia la derecha. Tenía varias marcas de clavos entre la bola y el hoyo, y se preocupó más por esas marcas de los clavos que en confiar en el golpe. Lo falló e hizo *bogey*.

Algunas veces, los jugadores me dicen que no pueden confiar en su golpe de *putt* si ven marcas de clavos en su línea. Cuando me lo comentan, coloco una varilla en el *green*, atravesando la línea deseada, y les pido que hagan el golpe por encima de ella. Si golpean la bola un poco más fuerte de lo normal, ésta saltará por encima de la varilla y se meterá

[7] Golpe con efecto de izquierda a derecha bajo y controlado. *(N. de los T.)*

en el hoyo. Aun así, algunos dirán que la varilla del *putt* es redonda y una marca de clavo no lo es. Entonces cojo una moneda y la coloco de canto en la hierba y les hago jugar a través de ella.

Generalmente pueden hacerlo. Las marcas de clavo no desvían *putts* de la línea tanto como apartan las mentes de los jugadores del estado de confianza en el que deberían estar inmersos.

En ese momento, Brad se enfrentaba a otro reto mental. Cuando un jugador en medio de una buena vuelta, da uno o dos golpes malos y hace *bogey* o más, por su mente pueden pasar diferentes pensamientos inútiles: *Adiós al 59*, o *Adiós a la Ryder Cup*, o *¿Cómo he podido fallar ese putt?* Todos ellos son pensamientos enfocados en el pasado. En ese momento, el único pensamiento válido que Brad podía permitirse era dónde quería poner su salida del hoyo 16.

Brad trató de hacerlo mientras se dirigía al *tee* de salida, apoyado por los continuos aplausos y ánimos del público. *No dejes que el* bogey *te distraiga de lo que se supone que vas a hacer,* se dijo para sí. *Aún puedes dar un buen golpe aquí.*

Y eso fue lo que hizo. El 16 es un par tres con un anticuado *green* en forma de isla, el típico hoyo virtualmente rodeado de *bunkers.* Brad jugó un hierro 7 con *draw* que se detuvo siete metros y medio corto del hoyo. De nuevo, los síntomas físicos de los nervios eran aparentes cuando se colocaba ante la bola. Y de nuevo se propuso concentrarse en el proceso del juego. La bola cayó de izquierda a derecha y se metió. Comprimió de nuevo su puño y se dirigió al hoyo 17 entre el júbilo del público.

Volvía a estar ocho bajo par en el día, y quería hacer otro *birdie*. Pero el 17 es un par cinco largo de 520 metros, inalcanzable para Brad. Esto no mermó el convencimiento de que podía hacer *birdie*. Todo lo que quería hacer era dejarla con su segundo golpe a una distancia desde la cual efectuar un buen golpe de *wedge* a *green,* y luego confiar en su *putter*. Dio un excelente golpe de *wedge,* pero la bola botó justo en la pendiente del piano. Un palmo o dos más lejos y posiblemente la hubiera dejado al lado del hoyo. Pero rodó para atrás y bajó la pendiente, deteniéndose a nueve metros. No se inquietó. Estaba convencido de que podía meter el *putt,* y lo jugó muy bien. Se quedó colgando del borde derecho del hoyo, y no pudo creer que no entrara. Días más tarde, viendo el vídeo seguía sin entenderlo.

Cuando se encontraba en el *tee* del hoyo 18, sabía que cualquier remota posibilidad que hubiera tenido para ganar el torneo probablemente se había esfumado. No tenía ni idea de la posición en que se encontraba para el equipo de la Ryder Cup. Cogió su *driver* y por primera vez golpeó la bola por debajo haciendo un globo y se quedó veinte o treinta metros corto del punto donde acostumbraba a dejarla en la calle del 18. Intentó dar el mismo hierro 5 que había dado en el 1, pero no la cogió tan bien, y acabó a cuatro metros y medio corto de *green,* quedándole un *chip* cuesta arriba.

El *green* del hoyo 18 de Riviera está situado en medio de un anfiteatro de hierba natural, y en ese momento estaba lleno de gente. Había una enorme pizarra situada en la parte alta, y Brad la miró. Vio que estaba colocado en cuarta posición. Y seguía sin saber lo que exactamente necesitaba hacer para formar parte del equipo de la Ryder Cup, pero sabía que era extremadamente importante acabar su vuelta manteniéndose concentrado hasta que su bola estuviera en el hoyo.

Jugó el *chip* un poco fuerte. Rodó por encima de la áspera y seca mitad del *green,* y no se paró hasta que estuvo a tres metros y medio del hoyo. En ese momento, Brad se había olvidado de la Ryder Cup y de lo demás. Sólo pensó en meter ese *putt* de tres metros.

Leyó la caída desde ambos lados del hoyo y se dio cuenta de que había dos o tres marcas de clavos en su línea, justo a medio metro del hoyo. Esta vez se dijo a sí mismo que no había nada que él pudiera hacer al respecto. Pensó en hacer rodar la bola por su línea confiando en que se mantuviera a medida que se acercara al hoyo.

Lo hizo. Los gritos del público reverberaban alrededor del anfiteatro. Era el ruido más escandaloso que Brad había oído en un campo de golf.

Brad acabó la jornada con un 63; el resultado más bajo logrado en la última vuelta de un torneo de la PGA. Nadie había realizado un resultado mejor en un Grande.

Consiguió llegar a la carpa de entrega de tarjetas en medio de una multitud enfervorizada, y firmó su tarjeta. Alguien de la cadena televisiva CBS le invitó a subir al estudio de los comentaristas para relatar su vuelta. Y fue allí donde supo, por boca de los productores de la CBS, que el equipo de la Ryder Cup estaba a su alcance.

Unos minutos más tarde, Davis Love III y Fred Couples llamaron al vestuario para hacerle saber que lo había logrado. Esto es típico de algunos jugadores, que, a pesar de ser constantes rivales, encuentran formas para apoyar y animar a sus amigos en el circuito.

SI USTED HA tenido la impresión de que una gran vuelta de golf está compuesta de docenas de contiendas en la mente del golfista, de las cuales no siempre sale victorioso, está en lo cierto. He relatado esta vuelta al detalle, porque ilustra que incluso los mejores jugadores, jugando tan bien como nadie haya jugado jamás, libran una constante batalla con dudas, temores y distracciones. Algunas semanas son más fáciles que otras. Pero los mejores jugadores, si no consiguen aplacar las dudas ante un golpe en particular, se recomponen y se ponen manos a la obra para afrontar el siguiente golpe. Eso es lo que hizo Brad en la última vuelta del PGA. No estuvo perfecto; simplemente se esforzó para lograrlo. Disciplinó su mente para disponer de las máximas posibilidades de jugar lo mejor posible. Y se dio cuenta de lo bueno que esto podía ser.

Ya sé que esto no funciona siempre así de bien.

Pensar de forma positiva no puede garantizar el ganar o acabar con buenos resultados. Sólo le da al jugador más posibilidades para hacer buenos resultados y ganar. Si esto fuera tan sencillo, el golf no sería un juego, sería un experimento de laboratorio.

Afortunadamente, es un juego. Los resultados de Brad en la Ryder Cup lo demostraron.

La Ryder Cup no es, a mi juicio, tan importante para un jugador como ganar un Grande. Al menos, nunca he tenido un jugador que me diga que ha soñado durante muchos años con ganar un partido individual en la Ryder Cup. Pero con frecuencia oigo que los jugadores han estado soñando con ganar el Masters o el Abierto Americano desde que tenían cinco años.

Sin embargo, la Ryder Cup es un espectáculo de televisión increíble, y confronta a los jugadores con una cantidad de retos mentales inigualable. Ante todo, representan a sus países y no a ellos mismos. Si un jugador tiene una mala semana y no pasa el corte en un torneo normal, vuelve a casa, y únicamente su familia y algunos amigos se preocupan. Puede intentarlo de nuevo la semana siguiente. Si tiene una mala semana en la Ryder Cup, todos los jugadores de los dos continentes lo saben y se preocupan por ello. Y lo que es más importante, ha decepcionado a sus compañeros de equipo, los chicos cuyas opiniones y estima valora más. Y aquí no existe la semana siguiente.

Brad y Davis me invitaron a Oak Hill para que les viera jugar en los partidos de 1995, y hablamos sobre las cuestiones de equipo. Les recordé su época en el equipo de golf de la universidad, Brad en Furman y Davis en North Carolina. Lograron las mejores contribuciones para sus equipos preocupándose de ellos y de sus vueltas. Una vez terminadas las suyas, podían animar y preocuparse por el resto del equipo. Pensé que debían enfocar la Ryder del mismo modo, ocupándose de su propio juego, y luego disfrutando de pertenecer al equipo.

Pero ni la composición del equipo ni la presión externa afectaron la esencia del reto. Tenían que hacer lo mismo que hacen en cada vuelta de competición: mantenerse en el presente y encomendarse a sus rutinas.

Ambos respondieron bien. Davis empató cuatro partidos durante los dos primeros días en los que se juega bajo la modalidad de *foursome*[8] y *fourball*[9]. Brad empató dos. Davis ganó su partido individual a Constantino Rocca por 3 a 2. Brad perdió el suyo con David Gilford por uno abajo.

Brad intentó culparse a sí mismo por la pérdida de la Copa, ya que tuvo la oportunidad, si hacía par en el 18, de empatar el partido con Gilford y salvar medio punto.

Pero yo sabía, y él sabe, que no tenía nada que echarse en cara. Confió totalmente en su *driver* durante toda la vuelta, en uno de los campos con las salidas más difíciles. Jugó bien el *putt,* rozando el borde del hoyo media docena de veces. Pero Gilford, que se suponía que era mejor pegando que ju-

[8] Modalidad por parejas en la que se juega con una sola bola y los jugadores van alternando los golpes. *(N. de los T.)*

[9] Modalidad por parejas en la que cada jugador juega su bola y se cuenta el mejor resultado de las dos en cada hoyo *(N. de los T.)*

gando el *putt,* jugó mejor con el *putt.* Iba uno arriba a la salida del último hoyo.

En el *tee* del 18 de aquel domingo por la tarde, algunos buenos jugadores se encontraron con que no podían confiar en su *swing,* y consecuentemente realizaban salidas malas y peligrosas. Brad jugó un excelente *drive,* largo y en calle. Gilford se quedó mucho más corto de salida, y jugó una madera 4 larga y a la izquierda del *green,* junto a la grada. Brad jugó un hierro 5 que quizá cogió una pizca de viento y cayó corta en un *bunker.*

Desde el área de dropaje, Gilford no tenía posibilidad de botar el *pitch* en el *green* y mantener la bola en él; el suelo estaba muy duro. Intentó que la bola alcanzara el *green* rodando, pero se quedó en el pesado *rough.* Llevaba tres.

Davis, que había acabado su partido, estaba entre el público detrás de Brad, animándole. "¡Métela, Fax!", gritó.

Brad visionó un golpe de *sand* bajo y rodado que iría hacia el hoyo. Golpeó la bola, pero le dio una pizca demasiado fuerte. La bola se pasó dos metros.

Luego, Gilford jugó un *chip* mediocre, dejando la bola a tres metros y medio por debajo del hoyo.

A continuación, Gilford metió el *putt.* Había hecho 5, y Brad necesitaba meter su *putt* para ganar el hoyo y empatar el partido.

No era un *putt* fácil. Tenía caída y dependía de la velocidad de la bola. Brad necesitaba acertar correctamente tanto la velocidad como la caída.

Leyó el *putt* y se colocó. Tuvo los pensamientos correctos. Y le dio bien a la bola.

Se le escapó por el lado superior del hoyo.

Eso no significa que Brad jugara mal, que no estuviera mentalmente preparado, y que no adquiriera recuerdos positivos de su experiencia en la Ryder Cup. Esto significa que

Oak Hill, tal y como se encontraba aquel día, era un campo de golf extraordinariamente difícil. Y el golf es un juego extraordinariamente difícil. Si usted ama el golf como lo ama Brad, amará el hecho de que es así.

Todo lo que puede hacer un jugador es permanecer en el presente, comprometerse con el proceso de realizar buenos golpes, y proporcionarse las máximas oportunidades.

2.

Cómo Fred Arenstein rompió la barrera del 80

Los profesionales como Brad Faxon no son los únicos golfistas que pueden beneficiarse prestando la máxima atención al asunto que tienen entre manos –permanecer en el presente– y comprometiéndose en el proceso de dar buenos golpes. Ambos conceptos son tan beneficiosos para los golfistas de fin de semana como lo son para los profesionales del circuito. Un golfista que conozco llamado Fred Arenstein demuestra el porqué.

Fred es un contable que vive al norte de New Jersey. Comenzó a jugar hace ya más de treinta años, cuando era niño, en Albany, Nueva York. En aquel tiempo, el campo municipal de Albany permitía que cualquier chico jugara sin limitaciones durante todo el verano por veinte dólares.

El campo se convirtió para Fred en su campamento de verano. Él y sus colegas solían saltar sobre sus bicicletas cada mañana del verano, pedalear hacia el campo, y jugar dieciocho hoyos. Los segundos nueve hoyos eran escarpados y largos, y en aquellos días no existían los coches motorizados. Consecuentemente, los jugadores mayores se retiraban por el calor y los chicos tenían el campo casi para ellos solos, y así jugaban más hoyos cada día.

De pequeño, Fred nunca recibió clases. Generalmente solía jugar con *slice*[1]. Al igual que otros chicos con *swings* defectuosos y con ganas de competir, desarrolló un buen juego corto para compensar sus erráticos golpes largos. Pasaba mucho tiempo alrededor del *putting-green*, practicando el *chip* y el *putt*.

A medida que iba creciendo y tomándose el juego más en serio, Fred recibió unas pocas clases para enderezar su *slice*. Desarrolló una técnica mediante la cual quebraba sus muñecas al principio del *backswing,* colocando el palo deliberadamente en una trayectoria de dentro a fuera. Cuando funciona, consigue un buen *draw* alto y controlado.

A pesar de ser voluminoso, Fred no es un gran pegador, ni siquiera lleva consigo un *driver*. Intenta mantener la bola en calle y alrededor de *green,* y confía en el *chip* y el *putt* para salir de los problemas. Su *handicap* ha oscilado entre 12 y 18 durante muchos años, situándole en el numeroso grupo de la media de jugadores.

Hace diez años, se trasladó a New Jersey y comenzó a jugar en el Francis Byrne Golf Course. Byrne es un viejo y refinado campo municipal, que anteriormente había sido un club privado y que fue cedido al Ayuntamiento de Essex años atrás. Puede que la arena de los *bunkers* se apelmace y que los *tees* estén pelados, pero se trata de un campo que tiene 5.987 metros desde el *tee* de profesionales, y es una verdadera prueba de golf.

Allí juega Fred con regularidad los sábados por la mañana con sus amigos Larry Pinilis y Barry Forester. Para conse-

[1] Efecto acentuado en el vuelo de la bola de izquierda a derecha. *(N. de los T.)*

guir una hora de salida los sábados, al menos uno de los componentes del grupo tiene que despertarse el jueves y aparecer en el campo antes del amanecer; la cola se empieza a formar alrededor de las cuatro de la madrugada.

Pero eso no es ninguna molestia en verano porque hay calor y luz solar suficientes para salir a jugar a partir de las 6:30 de la mañana, y lograr hacer una vuelta antes de ir a trabajar.

Al jefe de Fred no le importa que llegue los jueves a las 11 de la mañana, siempre y cuando se quede un rato más para compensar las horas.

Éste es el plan veraniego de golf de Fred: una vuelta los sábados, quizá una vuelta los jueves por la mañana, practicar algunos *chips* y *putts* y una excursión o dos a un campo de prácticas por la tarde.

El juego de Fred durante el verano pasado se mantuvo regularmente por debajo de 90. Hacía 86 u 85 la mayoría de las veces. Si le salía el día, lograba hacer un ochenta y pocos. Si tenía un gran día, podía acabar con un 37 ó 38, pero invariablemente, cuando esto sucedía, se inflaba en los otros nueve, acabando la segunda vuelta con un 44 ó 45. Una vez, necesitando hacer par en el hoyo dieciocho para acabar con un 78, uno de sus compañeros se lo mencionó, y enervado hizo un seis.

Eso frustró a Fred. Como muchos otros golfistas, vio el 80 como la barrera que separa el reino de los golfistas del reino de los mediocres. Matemáticamente hablando, no hay mucha diferencia entre 80 y 79; es una diferencia menor de un dos por ciento. Pero en la mente de Fred, y creo que en la mente de otros cientos de miles, 80 parecía una barrera tan grande como el Océano Atlántico lo parecía para la Europa precolombina.

De hecho, se trataba de una barrera mental. El *swing* y el toque de Fred bastaban para lograr hacer menos de ochenta. Pero para hacer esto tenía que refinar su juego mental.

A mitad de temporada, se hizo con un ejemplar de *El golf no es el juego de la perfección*. Estoy orgulloso de poder decir que encontró algunas ideas en el libro que le ayudaron. El primer bloque de ideas se refería al proceso de dar buenos golpes.

Para empezar, aprendió a jugar con el *swing* que se encontrara al llegar al club cada día. En sus ocasionales sesiones de práctica, Fred tendía a ser muy analítico sobre el *swing* completo. Pensaba en la posición de la cara del palo, si el plano del *swing* era correcto, y en otros mecanismos.

Francis Byrne no tenía campo de prácticas, por lo que el primer golpe largo de Fred en el campo de golf lo daba en el *tee* del 1. Si salía torcido, normalmente entraba en el mismo estado mental que tenía en el campo de prácticas, intentando analizar y arreglar su *swing*.

Ésta es una de las peores cosas que un golfista puede hacer. Ni siquiera los profesores que estudian y enseñan el *swing* como modus vivendi pueden decir con seguridad lo que no ha funcionado en sus propios *swings*. Muchos de los movimientos claves suceden detrás de ellos, fuera del alcance de la vista, por lo que no pueden verlos.

Incluso el profesional que está observando el *swing* de otro, si es honesto, admitirá que no puede diagnosticar los fallos del *swing* con certeza, a menos que pueda verlo a cámara lenta en vídeo.

Por tanto, ¿cómo puede autodiagnosticarse un jugador de fin de semana su propio *swing?*

No puede.

Pero muchos *amateurs* lo intentan. Comienzan pensando en todo lo que giran, o en cómo se desenroscan las caderas, o en encarar la cabeza del palo a medida que se va acercando a la zona de impacto. Y estas ideas tienden a hacer más tenso y arrítmico el *swing*.

En vez de intentar fijar su *swing*, Fred comenzó por depositar la confianza en el palo con el que se sentía seguro. Si ello significaba jugar sólo hierros 7 durante unos hoyos, sólo jugaba hierros 7, hasta que sentía que ya había calentado lo suficiente y estaba preparado para dar golpes largos.

Éste es un enfoque muy razonable para los jugadores de fin de semana, pero no muchos tienen la osadía de hacerlo. Observo a muchos *amateurs* que utilizan el *driver* en cada par cuatro y par cinco porque piensan que esto es lo que se supone que tiene que pegar un hombre. Lo utilizan incluso cuando tienen mucho miedo del fuera de límites. En consecuencia, a menudo la envían allí. Se sentirían más tranquilos si jugasen un palo más corto, y enviaran la bola a 140 metros. Sus resultados serían más bajos.

Fred comenzó a establecer objetivos concretos para cada golpe. Y desarrolló una rutina previa que intentó emplear antes de cada golpe.

Luego, el proceso implicaba confiar en su *swing*, determinando un objetivo y repitiendo una rutina.

Todas esas cosas le ayudaban a centrar su atención en el presente, en el golpe que tenía entre manos. De hecho, generó una idea que reforzaba esta buena tendencia.

"*Muy bien, Fred*, se decía a sí mismo. *Sólo haz un golpe bueno más, como si se tratara del último golpe que fueras a dar.*"

Había sido un jugador que controlaba de cerca su resultado como lo haría un contable, sumando los números durante el juego, multiplicando y dividiendo. Era la clase de jugador que sabía que si hacía 28 en los primeros seis hoyos y mantenía ese promedio, haría un 84.

Ése era el último aspecto mental de su juego que necesitaba cambiar.

Casi todos los golfistas jugarían mejor si se olvidasen del resultado mientras juegan.

El salto cualitativo de Fred tuvo lugar durante una vuelta normal, a mitad de verano, en el amanecer de un jueves. Barry y Larry habían ido a Francis Byrne para jugar con él.

El 1 de Francis Byrne es un buen hoyo inicial para un campo que no tiene zona de prácticas. Se trata de un corto par cinco de 410 metros desde blancas[2], con una calle plana y generosa sin agua. Es un hoyo en el cual con tres golpes decentes se llega a *green,* dando al jugador la posibilidad de empezar con par.

Pero Fred empezó mal. Su salida le metió en problemas y acabó con *bogey*. Hasta entonces, Fred siempre había creído que necesitaba un par en el hoyo 1 para realizar una buena vuelta, teniendo en cuenta que el hoyo 2 era uno de los más difíciles del campo, un par tres de 190 metros protegido por un profundo *bunker* en el lado izquierdo.

Es significativo lo erróneas que pueden llegar a ser este tipo de premisas. Los jugadores que hacen grandes resultados, con frecuencia, logran sus *birdies* en los hoyos que consideran muy difíciles, y hacen par en los fáciles. He visto en muchas ocasiones a jugadores hacer un buen resultado después de malograr el primer hoyo, porque reducen sus expectativas y se relajan.

Fred jugó con inteligencia el hoyo 2. Sacó su madera 7 y escogió un objetivo, un árbol situado en la cima de una

---

[2] En EE. UU. no existe una norma común de colores para los *tees* como existe en Europa. Incluso en los campos de una misma ciudad los colores difieren de un campo a otro. Podemos decir, no obstante, a modo de información, que en EE. UU. los *tees* de salida de profesionales generalmente son negros, aunque en algunos campos los podemos encontrar en azul marino. Para los profesionales y para los caballeros los *tees* son generalmente de color blanco. Los *tees* más cortos, generalmente para señoras, son siempre rojos, aunque para campeonatos se emplea el azul. Y para los *seniors* suelen ser amarillos o naranjas. *(N. de los T.)*

montaña detrás de *green*. Dio un golpe excelente que rodó a *green* quedándose a cuatro metros y medio del hoyo, y metió el *putt* para *birdie*.

Eso tranquilizó a Fred. Hizo cuatro en los siguientes cuatro hoyos. Sabía que iba una más del par a la salida del 7. Cerró el golpe de salida y lo envió al bosque, e hizo *bogey*. Esto desencadenó una serie de *bogeys* que le colocaron siete sobre par a la salida del hoyo 13.

Tampoco jugó el 13 particularmente bien. Su *approach* fue a parar al *bunker,* desde allí dejó la bola a menos de treinta centímetros y salvó el par. Esto le permitió lograr otra ristra de cuatros que duró hasta el final.

La serie de *bogeys* en medio de la vuelta demostró ser una bendición, la clave final para romper la barrera del 80. Después de haber hecho unos cuantos, Fred se olvidó del resultado. Se mantuvo en el presente y sólo intentó llevar a cabo su rutina en cada golpe.

Cuando jugó los segundos nueve no sabía cómo se encontraba en relación al par o al 80.

Se quedó encantado cuando uno de sus colegas sumó su resultado. Había hecho un 78.

EXISTE UNA IMPRESIÓN equivocada, muy extendida entre los golfistas de fin de semana, y es que para hacer un resultado entre 70 y 80, un jugador debe tener un *swing* que un profesional pueda envidiar. Y no es cierto.

En un campo normal, desde el *tee* de blancas, muchos jugadores podrían romper el 80 de vez en cuando. Todo lo que necesitan es un *swing* que puedan repetir de forma consistente, un buen juego corto y una disposición mental correcta. Al igual que Fred Arenstein, tienen que dejar de llevar la cuenta de sus resultados, y centrar su atención exclusivamente en el presente.

3.

Cómo Jay Delsing se mantuvo confiado

NO HAY MUCHAS ocupaciones que tengan una penalidad tan drástica y definitiva como el corte que se establece después de los primeros treinta y seis hoyos de cada torneo del golf profesional. Si tengo un par de días malos en mi clase, puedo retroceder en el tiempo y mejorar mi trabajo el tercer día. Pero un jugador que no ha estado en juego durante los primeros treinta y seis hoyos, carece de semejante lujo. No tiene una segunda oportunidad y no gana dinero. Sólo le queda pagar sus gastos y marcharse de la ciudad. Si un golfista falla varios cortes seguidos, una sensación de derrota y de pesimismo puede infestar su mente, de la misma forma que las termitas pueden infestar una casa: son indeseadas, difíciles de eliminar y muy destructivas.

Fallar cortes puede hacer que un golfista empiece a jugar enfocado a no fallarlos, lo cual es una forma segura de fallar muchos más.

Durante los primeros meses de 1995, mi amigo Jay Delsing falló nueve seguidos.

Empecé a trabajar con Jay en 1990. Era un jugador con indudable talento. Había sido un destacado *junior* en St. Louis, donde creció. Formó parte de algunos de los mejores equipos de UCLA, junto a jugadores como Corey Pavin, Steve Pate y Duffy Waldorf. De vez en cuando, en el circuito lograba resultados de escándalo.

Estableció o igualó el récord del campo en un par de torneos del circuito con resultados de 61 y 62. Pero en los primeros cinco años de su carrera profesional no había sido capaz de ganar un torneo, y tuvo que volver a pasar por las pruebas clasificatorias dos veces, con el objeto de permanecer en el circuito.

Durante aquellos cinco fatídicos años, Jay solía sentirse víctima de un síndrome de debilitamiento de confianza, que puede destruir la carrera de jugadores que no ganan nada más entrar en el circuito.

Generalmente llegaba al campo del torneo el lunes, y jugaba una vuelta de reconocimiento. El martes también practicaba. Y durante esas vueltas jugaba bien, haciendo resultados por debajo de 70.

Pero el miércoles no podía hacerlo porque se celebraba el *pro-am*[1], y Jay no estaba en los puestos altos del *ranking* para ser invitado a jugar en muchos de ellos. Siendo diligente y ambicioso, decidió practicar a conciencia. Iba al campo de prácticas temprano, y se quedaba hasta muy tarde. Era un lugar peligroso para él.

Los campos de prácticas en el Circuito de la PGA están abarrotados de gente obsesionada con la mecánica del *swing* de golf. Algunos son jugadores. Otros son profesores

---

[1] Modalidad en la que un profesional juega con uno o varios *amateurs*. Suelen tener lugar el día antes del inicio del torneo. *(N. de los T.)*

que quieren hacerse un nombre y ofrecen clases gratuitas. Y otros son aún menos cualificados: representantes de marcas de golf o *fans.* Si usted se pasea por un campo de prácticas durante una hora o dos, probablemente oirá una docena de teorías sobre cómo ejecutar una parte concreta del *swing* de golf; y de todas ellas, la mitad está en conflicto con la otra mitad.

Indudablemente entiendo la importancia de la solidez en la mecánica del *swing*. Existe un momento y un lugar para trabajar en ello, pero no hay que hacerlo a las puertas de un torneo. Muchos jugadores con los que he trabajado han decidido, en un momento u otro, que necesitan mejorar su *swing*. Los más inteligentes se toman un descanso, acuden al profesor en el que confían, y trabajan en los nuevos movimientos hasta que pueden realizarlos sin pensar en ellos. Y sólo entonces es cuando vuelven a la competición.

Es duro, hasta para un jugador con éxito, mantenerse ajeno a los innumerables consejos sobre el *swing* y a las teorías que se comentan en el campo de prácticas de un torneo. Ben Hogan descubrió una forma para hacerlo. Se iba al extremo derecho del campo de prácticas, donde le daba la espalda al resto de los jugadores. No quería ver cómo hacían el *swing* los demás; sabía que su *swing* era diferente de lo habitual, y no quería que nada mermara su confianza en él. No quería discutir o debatir la mecánica del *swing* cuando practicaba. Pero muchos jugadores no tienen la disciplina de Hogan. Son gente gregaria, y el campo de prácticas es uno de los lugares donde pueden relajarse y ser amigos de los compañeros competidores.

Pero para un jugador que ha fallado cortes es más difícil ignorar el cuchicheo. Fallar cortes puede dañar la confianza. Realmente esto es cierto cuando el jugador no tiene lo que se considera un *swing* clásico, y no ha sido instruido desde pequeño por un respetable profesor. Jay cayó dentro de esta categoría. Comenzó a jugar al golf en un campo municipal de St. Louis llamado North Shore Country Club. Luego aprendió unas cuantas cosas haciendo de *caddie* en un club llamado Norwood Hills. Aprendió mucho de su padre, Jim Delsing, un antiguo jugador de béisbol de primera división que había llegado a tener *handicap* de un dígito, pero no era profesor. Jay tiene un buen *swing* y mucho talento deportivo para complementarlo. Aunque su bola salga hacia el objetivo, y esté jugando con seguridad, Jay no tiene el típico *swing* del que mucha gente apuntaría y diría: "Ése es un bonito *swing* de golf".

Realmente, la gente del campo de prácticas no diría eso. A menudo, Jay intentaba arreglar algún detalle en su mecánica los miércoles por la tarde. Pensaba que su *swing* no era lo suficientemente bueno para triunfar en el circuito. Y con esta predisposición mental, salía el jueves y terminaba con un espantoso resultado: un 75 ó 78. Al día siguiente, pensando que ya no tenía importancia, podía relajarse y acabar con un 66, pasando el corte por uno o dos golpes. O podía ser que hiciera otro 78 y lo fallara. Pero no conseguía buenos resultados de forma consistente.

Consecuentemente, cuando Jay vino a Charlottesville para trabajar conmigo sobre su juego mental, una de las primeras premisas que discutimos fue la que es aplicable a todo jugador:

Un jugador no puede hacer los resultados que pretende si está pensando en los mecanismos de su *swing* en el momento de jugar.

Las investigaciones que se hacen en psicología deportiva están empezando a revelar por qué esto es así. Puedo decir con certeza que el organismo humano realiza mejor las tareas físicas repetitivas cuando la mente no intenta de forma consciente dirigir el proceso. Actúa mejor cuando la persona se centra en un objetivo o en una meta, y no piensa en cómo ejecutar el movimiento.

Tomemos como ejemplo el atolondrado esfuerzo de un conductor novato que está intentando aprender a manejar el cambio de marchas manual. Los movimientos no son tan complicados. Se pisa el pedal del embrague, se mete el cambio de marchas y se suelta el pedal del embrague. Sin embargo, el conductor novato presta demasiada atención en cómo dar cada paso, por lo que no tiene ni ritmo ni gracia. El coche se desplaza calle abajo a trompicones, como un borracho rebotando de farola en farola. Ahora, consideremos un conductor experimentado. En carretera, nunca piensa en cómo hay que cambiar las marchas, sólo piensa en la velocidad que quiere darle al coche y en la dirección. Hace el cambio de marchas con suavidad, sin esfuerzo, incluso sin preocuparse de forma consciente de lo que está haciendo. Esto tiene que suceder de la misma forma en el campo de golf.

El golfista tiene que entrenar su *swing* en el campo de prácticas, y luego confiar en él cuando esté en el campo.

Esta premisa es válida tanto para los profesionales como para los *amateurs* del estilo de Fred Arenstein.

Si alguna vez los jugadores *amateurs* oyen esto, dirán que suena bien para un profesional que tiene un *swing* sin defectos, pero no piensan que sus *swing*s son lo suficientemente buenos para confiar en ellos.

Hay que partir de la base de que ninguno de los grandes profesionales tiene un *swing* sin defectos. Nadie enseñaría el movimiento repentino del cuerpo de Walter Hagen en el momento del impacto.

Nadie enseñaría a los principiantes a coger de nuevo el *grip* del palo como lo hacía Bobby Jones al final del *backswing.* Nadie enseñaría el movimiento del codo volador de Jack Nicklaus. Y nadie enseñaría el plano de *swing* de Lee Treviño. Pero todos ellos han ganado torneos confiando en su *swing*, y estando orgullosos de dichas idiosincrasias.

No hace mucho tiempo, me encontraba caminando entre el público con un profesor, siguiendo a Fred Couples, que jugaba una vuelta de torneo. "Fred Couples", dijo el profesor, "me rompe los esquemas."

Le incomodaba que Fred, con su aparente naturalidad y enfoque nada analítico del juego, fuera uno de los mejores jugadores del mundo, mientras él, que entendía el *swing* a la perfección, estaba ayudando a los mediocres a enderezar sus *slices*.

–Lo que tienes que entender –le contesté– es que los profesores de universidad, que son muy buenos a la hora de pensar analíticamente, consiguieron establecer la definición de "genio". Decidieron que un genio es la persona que piensa como ellos, que desmenuza las cosas para comprenderlas, que transforma lo simple en complicado. Eso te convertirá en un genio de academia.

"Pero si quieres ser un genio en deporte, tienes que ser capaz de convertir lo que algunos piensan que es difícil en una cosa fácil. Porque la simplicidad funciona bajo presión y le proporciona a uno ritmo y sensación.

"Fred es mucho más honesto que tú –le dije–. Si quisieras mejorar y jugar tan bien como él, primero tendrías que dejar de engañarte a ti mismo.

Me miró y me dijo:

–¿Qué?

–Lo has oído bien –repuse–. Sigues empeñado en que puedes analizar lo que haces cada vez que golpeas una bola que no ha ido donde tú querías, y que puedes corregir el fallo después de haberlo analizado. Esa técnica es ilusoria. No funciona, y no funcionará. Incluso aunque te mantengas firme en hacerlo.

"Si te pido que vayas a un campo de golf y seas como Fred, y tires sólo hacia tu objetivo una y otra vez, incluso fallando algunos golpes, lo intentarías durante un rato. Pero si no funcionara correctamente, querrías volver de inmediato a tu antigua forma de análisis y corrección, como si eso funcionase.

"Fred, si falla un golpe, sólo se encoge de hombros y acepta el hecho de que ha fallado. No piensa que se trata de asunto importante, porque confía en su *swing* y cree que no volverá a fallar de nuevo. No intenta descubrir lo que ha hecho mal y corregirlo. Y gracias a su confianza, falla mucho menos que tú.

Es verdad que son pocos los *amateurs* que tienen un *swing* como el de Fred Couples o Jay Delsing. Muchos tienen serios errores en su *swing* que, de no corregirse, les impedirá convertirse en jugadores *scratch*[2]. Pero mucha gente que hace resultados por encima de 90 tiene un *swing* lo suficientemente bueno para hacer resultados de ochenta y pocos si confiasen en él. Se trata de lograr los mejores resultados posibles con el *swing* que tienen, ya sea como en el caso de Jay Delsing con resultados inferiores a 70, o en el caso de los que suben de 90. Para hacer eso, tienen que confiar.

Esto significa, en los golpes largos, pensar sólo dónde se quiere enviar la bola, y no en mantener la cabeza baja o el brazo izquierdo estirado, o en la pronación al final del *backswing;* y en los *putts, pitches* y *chips,* pensar en meter la bola en el hoyo y no en mantener la cara del palo en la línea.

Prefiero aquellos golfistas que juegan sin pensar en el *swing*. Aquellos que confían plenamente en que su *swing*

[2] Jugador con *handicap* cero. *(N. de los T.)*

puede hacer eso. Pero sé que muchos de ellos han jugado toda su vida pensando en el *swing,* y se sienten desnudos sin él. A estos jugadores les digo que pueden tener un pensamiento sobre el *swing*, y sólo uno, por vuelta. Si tienen más de uno, es probable que se metan en una rueda de pensamientos mecanicistas.

Algunos pensamientos sobre el *swing* son mejores que otros. En general, cuanto menos mecánicos sean, mejor. Recordarse a sí mismo tener un *tempo* constante y suave es un buen pensamiento sobre el *swing*. Pensar en mantener la cabeza del palo detrás de las manos durante la bajada del palo no lo es.

Cuando Jay entendió esto, su consistencia mejoró, y durante varios años mantuvo cómodamente su tarjeta del circuito.

Pero la confianza no es un coleccionable, como un preciado sello, que uno puede comprar, acoplar, y adueñarse para siempre sin esfuerzo adicional. Cada golfista necesita hacer hincapié en que hay que confiar en todas las vueltas de competición.

Y en el caso de Jay, existe una línea muy fina entre confiar y ser atrevido. Jay es un jugador instintivamente agresivo, con talento para modelar golpes de hierro. Sin embargo, algunas veces se vuelve demasiado agresivo. Intenta ir a por las banderas difíciles, y cuando falla, a veces le cuesta caro. Puede ser que se encuentre en los árboles tras un errático *drive,* a 170 metros, y con unos cuantos acres de arena entre el *green* y su bola. Entonces intentará hacer pasar un hierro 5 por debajo de una rama, a través del claro y sobre la arena, mientras que la jugada inteligente sería tirar corto de *green,* y confiar en el *wedge* y el *putt*er para salvar el par.

Hemos hablado mucho sobre tener un plan de juego y aferrarse a él. Le diría que no hay nada malo en pegar un hierro 1, en vez de un *driver,* en el *tee* de salida de ciertos hoyos.

Lo importante es confiar en el *swing* que va a hacer con el hierro 1.

Varias eran las razones por las que Jay no estaba jugando bien cuando le vi en el Abierto de Kemper en junio. Hablamos mucho acerca de mantener su equilibrio. Le recordé que fallar cortes no tenía nada que ver con el tipo de persona que era. Y es así. La diferencia entre fallar un corte y ganar un cheque puede radicar en un mal bote en treinta y seis hoyos de juego. Un golfista que está pasando una mala racha tiene que meterse esto en la cabeza.

Jay falló el corte en el Kemper, pero pensé que estaba haciendo progresos. La prueba vino unas semanas más tarde en Memphis, en el FedEx St. Jude Classic, su siguiente torneo.

El Tournament Players Club (TPC) de Southwind es uno de los campos nuevos del circuito, diseñado para desarrollar un torneo de golf que desencadene mucha presión mental. Hay agua en la mitad de los hoyos, y meterse en líos es muy fácil; aunque hacer *birdies* también lo es. En todos los pares cinco se llega de dos, y los resultados ganadores son bajos. Los vencedores en Memphis superan la media de 16 bajo par.

Jay comenzó con una sólida vuelta de 69, pero ese resultado no era lo suficientemente bajo para asegurarle pasar el corte. Su vuelta del viernes empezó en el hoyo 10, y a medida que se acercaba su hora de salida, intentaba no perder la confianza en su *swing,* y mantenerse en el presente. Hemos hablado con frecuencia de la importancia que tiene intentar jugar un gran golf los viernes, en vez de intentar jugar para pasar el corte, y eso fue lo que quiso hacer.

El hoyo 10 es un par cuatro de 402 metros; dio un buen *drive,* y luego dejó su *approach* a tan sólo tres metros del hoyo. Como era un *putt* en bajada, el primero se pasó un poco más de un metro, y falló el de vuelta.

En ese momento, Jay hacía frente a una crisis. Podía haber reaccionado enfadándose. Muchos jugadores lo hacen. Dejan que los resultados del primer o segundo hoyo predispongan su actitud. Si los resultados son malos, pierden la confianza y juegan mal el resto del día.

Pero un buen jugador, cuando tropieza con algún resultado malo, tiene presente que es él quien determina la actitud para afrontarlo. No lo determina según lo que le haya ocurrido, sino que proviene de su interior.

Jay se convenció a sí mismo que mentalmente lo había hecho todo bien en el hoyo 10. Creyó que ambos *putts* se meterían, y que los había dado con esa intención. El hecho de que no entrasen, se dijo para sí, era justo el tipo de test que el golf lanza periódicamente para hacerse más desafiante. Con este estado mental, recuperó el *bogey,* e hizo algunos *birdies* más. Hizo 33 en los primeros nueve hoyos, y luego fulminó los nueve segundos, acabando con un 63. Pasó el corte fácilmente, pero iba cinco golpes por detrás del líder, Jim Gallagher Jr.

Al día siguiente llovió de nuevo, y una vez más, Jay salía por el hoyo 10. Jugó otra buena vuelta. Se encontraba a dos golpes del líder cuando se dirigía a su último hoyo, concretamente al 9, un par cuatro de 405 metros con *dogleg* hacia la derecha, y con un lago que protege el lado izquierdo del *green.*

Jay no le dio muy bien al *drive* y fue a parar detrás de un árbol, a 180 metros de *green*, con los últimos 54 por encima del agua. La bandera estaba situada a principio de *green,* pero tenía un buen *lie,* y pensó que podía hacer un *hook* con el hierro 4 bordeando el árbol, y pasar por encima del lago y aún hacer el *birdie,* a pesar de la mala salida. Entonces se dio cuenta de su osadía.

Confiar en el *swing* no significa que se deba intentar todos los golpes altamente arriesgados que se presenten en una vuelta de golf. Significa más bien que es preferible seguir la estrategia que proporciona un golpe factible. Con estos golpes se aumenta la confianza. Es fácil tomar una decisión imprudente, pero cuando comienza la bajada del palo, todo se vuelve dudoso. Es difícil sentirse seguro si uno sabe que hay una probabilidad del 50 por ciento de que el *swing* mande la bola al agua.

Jay sacó el hierro 9, jugó la bola a la calle, y luego dio otro hierro 9, que la dejó a tres metros del hoyo. Metió el *putt* para acabar con par. Pensó que, tiempo atrás, habría intentado el golpe difícil con una probabilidad del uno por ciento, y habría acabado con un seis. Pero abandonó el campo sintiéndose muy confiado, aunque se hallaba aún a seis golpes del líder. Esa noche, en la habitación del hotel, se hizo una propuesta a sí mismo. A pesar de haber ganado poco dinero en todo el año, iba a jugar la vuelta del domingo con la cabeza exactamente donde tenía que estar en cada golpe. Iba a confiar en el *swing*. Iba a jugar sin temor.

Y lo hizo. En el hoyo 3, un par cinco, hizo una sacada de *bunker* fantástica, metiendo la bola en el hoyo para *eagle*. Hizo *birdie* en el cinco. Dio un vistazo a la pizarra, y todavía estaba a seis golpes del líder.

Se dijo a sí mismo que se olvidara de lo que Gallagher estaba haciendo, y mantuviera la mente centrada en cada golpe. Iba al par hasta que llegó al catorce, un par tres largo. Allí determinó de nuevo que debía confiar en el *swing*. Dio un golpe desde doce metros con una caída de unos cuatro metros por encima de un montículo del *green*. Esquivó unas cuantas marcas de clavos y se metió.

En el hoyo 15, un par cuatro de 350 metros, dejó su golpe de aproximación a cuatro metros pasado el hoyo. Cuando entró en *green* y vio el *putt* tuvo la certeza de que la iba a meter. Divisó a Kathy, su mujer, entre el público, y le guiñó el ojo, y a continuación embocó el *putt*.

Jay dio una buena salida en el hoyo 16, un par cinco. Mientras caminaba cuesta abajo hacia su bola, vio otra pizarra; era la primera en la que se fijaba después de diez hoyos. Se dio cuenta de que Gallagher había reducido su ventaja. Gracias a los *birdies* del 14 y 15, Jay se encontraba a un golpe del líder.

Le quedaban 225 metros para llegar al hoyo, la distancia habitual de su madera 3. Pero como se encontraba con la adrenalina a flor de piel, decidió jugar el hierro 1. Dio un golpe muy alto pero muy desviado hacia la izquierda de *green,* quedándole un delicado *approach* por encima de un *bunker.*

Antes de preparar el golpe, Jay formuló una petición en su interior: "Dios mío, permite que permanezca en el presente y me siga divirtiendo".

Alguien debería apuntar esta plegaria en las bolsas de los palos de golf. No pidió intervención divina para dejar el golpe al lado del hoyo; tampoco pidió no enviarla al *bunker;* tan sólo pidió la actitud necesaria para darse a sí mismo la oportunidad de efectuar un buen golpe.

Se acordó que había estado trabajando muchos años para enfrentarse precisamente a estas situaciones, jugándose el torneo. Entonces, llegó hasta su bola, siguió su rutina habitual antes del golpe, se concentró en el objetivo, y efectuó un corto y maravilloso golpe por alto, dejando la bola a metro y medio del hoyo. Jay tiene mucho toque con el *wedge* cuando confía en su *swing*.

Metió el *putt* y pasó a compartir el liderato.

El TPC de Southwind acaba con dos pares cuatro largos. El hoyo 17, de 418 metros, tiene un arroyo que cruza la calle, y un *green* rodeado por tres *bunkers*. El hoyo 18, de 396 metros, es un *dogleg* a la izquierda, con un obstáculo de agua que bordea todo el lado izquierdo de la calle, y con muchos *bunkers* a la derecha.

En el hoyo 17, la salida de Jay se fue a la izquierda. No sabía si había aterrizado en calle o en *rough*, pero la bola botó sobre una loma y salió despedida aún más a la izquierda, rebotó en un cochecito que utilizaba la cadena de televisión CBS, y acabó en un arbusto. Tuvo que sacar la bola y dejarla antes del arroyo. Se le quedó en un *lie* malo, y no pudo dejar su tercer golpe cerca del hoyo. Hizo *bogey*, y volvió a colocarse a un golpe del líder.

A continuación llegó la hora de la verdad: ¿Podría dejar de pensar en el mal golpe y en la mala suerte del hoyo 17? ¿Sería capaz de seguir confiando en su *swing?* Muchos jugadores, tras enviar su salida del hoyo 17 a la zona problemática de la izquierda, mirarían con mucho respeto el peligro existente a la izquierda del hoyo 18, y pensarían intensamente en cómo evitar otro *hook;* otros intentarían coger un hierro, porque en el hoyo 18 el arroyo que bordea la parte izquierda se convierte en un pequeño lago a unos 225 metros de la salida. Jay tenía múltiples razones para pensar en todo eso porque cuando jugaba en Memphis había acabado muchas veces haciendo seis en el 18. Algunos recuerdos de esos desastres pasados brotaron sin permiso en su pensamiento.

Pero no quiso darle más vueltas. Cogió el *driver* y se concentró en el objetivo, la esquina de un *bunker* de *green* y un tronco que había detrás. Dio el golpe sin pensar en la mecánica del *swing.* La bola despegó por el centro de la calle, se mantuvo en el aire mucho rato y se paró a 260 metros. Jay recogió su *tee* realmente encantado; se dio cuenta de que éste era el momento que había estado esperando. Mientras caminaba por la calle, rodeado de espectadores a ambos lados, tuvo la curiosa sensación de que volvía a tener quince años y estaba jugando un torneo *junior* en Missouri, a punto de hacer *birdie* en el último hoyo para ganar. Dio un suave hierro 8 y dejó la bola a dos metros y medio del hoyo.

El comentarista de televisión, Gary McCord, decía en ese momento que Jay se encontraba en desventaja, porque no tenía ningún buen recuerdo reciente de hoyos finales. Más tarde, cuando Jay oyó este comentario se molestó. Tenía muchos buenos recuerdos; había metido cientos de *putts* de dos metros y medio que le inducían a repetirlo.

De vez en cuando, la gente me dice que no puede controlar los recuerdos que afloran en su mente justo antes de dar un golpe. En ocasiones, piensan en un *drive* perfecto y largo al centro de la calle, y en otras, en un golpe con *slice* que se va fuera de límites.

Es normal que suceda esto. Pero les digo que es posible desarrollar recuerdos duraderos de los buenos golpes, y recuerdos momentáneos de los fallos. Ciertamente, pueden escoger los recuerdos en los que detenerse. Y pueden utilizar sus recuerdos para bien, y no para mal.

Jay se había propuesto quedarse con los buenos recuerdos. Nada más marcar su bola, tuvo la certeza de cómo iba a caer el *putt*. Sabía que lo metería. Casi sintió que ya lo había hecho. Siguió su rutina, se colocó sin demora y dio el golpe exactamente en la dirección deseada.

La bola se deslizó a la izquierda por la parte inferior del hoyo. Jay cayó de rodillas sin dar crédito.

Terminó con un par y se quedó esperando para ver cómo acababa Gallagher. Gallagher tuvo problemas en el 18. Alcanzó el *green* de tres, quedándole un *putt* de seis metros. Ése sí que entró. Así es como se deciden los torneos.

Pero Jay no se sintió perdedor. Estaba contento de haberse fiado de sí mismo durante la última vuelta; sabía que había hecho todo lo posible para ganar; había salido victorioso de su propia batalla interna al confiar en su *swing* mientras tuvo posibilidades.

El jugador que vence esta batalla interna sabe cómo ganar; sabe que su juego soportará toda la presión. Simplemente tiene que esperar la siguiente oportunidad.

Gracias a esta sensación, Jay tuvo un excelente final de temporada ese año de 1995, ganando casi doscientos cincuenta mil dólares. Se quedó con la esperanza de que algún día le llegaría su turno.

Yo también creo que le llegará.

4.

Cómo Davis Love III logró volver al Masters

DAVIES LOVE JR. tiene las manos más sensibles que he visto en un jugador de golf, y un temperamento acorde con ellas. Conocí a Davis cuando ambos trabajábamos en las escuelas de *Golf Digest*. Fue la primera persona que había visto que parecía que sus manos se relajaban a lo largo del impacto. Después de conocerle bien, empecé a llamarle el Rey de la Suavidad. Me gustó mucho.

Era, en algunos aspectos, un chico provinciano de Arkansas. En cuanto nos conocimos bien, me invitó a su casa. Quería enseñarme algunos libros de golf que tenía en su biblioteca, aquellos que mostraban la forma en la que algunos grandes jugadores del pasado habían enfocado el juego mental. Pero la primera cosa que me llamó la atención fue un recorte de periódico amarillento, que estaba enmarcado y colgado en la pared.

En él se narraba cómo un quinceañero llamado Davis Love Jr. había logrado llegar a los cuartos de final o semifinales del Campeonato Amateur Americano. El periodista había observado que su hazaña le permitía ir como invitado a jugar el Masters, y le preguntaba si tenía intención de jugarlo.

–No lo sé –contestó Davis–. ¿Dónde se juega este año?

Continuó adquiriendo un brillante historial golfístico. Jugó en la Universidad de Texas para Harvey Penick, a quien adoraba. Trabajó duro en el juego. Demasiado duro quizá. Davis Love Jr. era uno de esos jugadores que se autopresionaba mucho.

Decidió que lo que realmente quería hacer era lo que había hecho Harvey Penick: enseñar. Y fue un maravilloso profesor: exigente pero paciente.

A medida que íbamos conociéndonos, le oía hablar cada vez más de sus dos hijos. Mark y Davis III. Enseñarles había sido su prioridad hasta que se hicieron lo suficientemente mayores para llevar los palos. Escuchaba yo historias sobre vueltas de golf crepusculares. Davis llegaba a casa cansado después de un largo día, dando clases en el campo de prácticas, y los chicos le saludaban en la puerta:

–Venga, papá, vamos a jugar al golf.

Sin opción alguna, volvía caminando al campo con sus agotadas piernas porque los chicos querían caminar. Jugaban cuatro hoyos y luego pedían un refresco. Entonces, y de vuelta a la casa club, Davis sugería que continuaran otra vez por el hoyo 1, pero los chicos se negaban. Por tanto, volvían al hoyo 5 para acabar el recorrido.

No fue nada sorprendente que crecieran amando el juego.

Pero fue Davis III el que tuvo la habilidad de convertirse en profesional, y a medida que iban pasando los años, el juego se convirtió en algo más serio, tanto para el padre como para el hijo. Davis Jr. enseñó a su homónimo un *swing* largo, fluido y muy poderoso. Y gracias a las interminables horas de práctica bajo el ardiente sol de Georgia, Davis III se convirtió en un jugador de gran potencial.

Cuando era un quinceañero, Davis III veía a su padre de distinta forma a como yo veía al mío. Davis Jr. era un machacón, un hombre que creía, por ejemplo, que la forma segura para no fallar *putts* cortos era practicándolos: cuatrocientos desde medio metro y cuatrocientos desde un metro, y luego cuatrocientos desde metro y medio. Como era natural, tomó algunas ideas claves de Harvey Penick relativas al juego mental. Penick enseñó a Davis a ser paciente y a jugar el golpe que tenía entre las manos. Pero Davis III percibía que su padre era un defensor a ultranza de la mecánica del golpe, y que creía que los mejores jugadores llegaron a donde llegaron porque practicaban hasta que sus manos sangraban.

En mis conversaciones con Davis Jr., dilucidé un enfoque diferente. Me contó que pensaba que podía haber sacado mucho más partido de su habilidad, si hubiera conocido mejor el procedimiento para relajarse y aminorar la presión. Y quería que su hijo le superase en ello.

Entonces se sentó conmigo, ya entrada la tarde, y hablamos sobre la psicología del golf a los más altos niveles. Mis ideas no eran aquellas con las que él había crecido. Pero, intuitivamente, dijo que tenían sentido para él.

En 1987, cuando Davis III se había quedado fuera del circuito por un año, Davis Jr. sugirió que me viniera a ver, y trabajamos juntos. El problema más inmediato era el juego corto de Davis. Había liderado el *ranking* de pegadores en su primer año de circuito, y también ocupaba los primeros puestos en la lista de *greens* cogidos. Entonces padre e hijo decidieron, de forma razonable, que necesitaba mejorar el procedimiento para meter la bola en el hoyo.

Davis III tenía la habilidad necesaria con el *wedge* y con el *putter;* Davis Jr. era consciente de ello. Pero carecía de una rutina consistente. Algunas veces miraba el hoyo, miraba otra vez la bola y se ponía tenso, pensando en los mecanismos del golpe. Esto quedó patente cuando le pedí que explicara lo que hacía cuando se preparaba para jugar el *putt* o el *chip*.

A Davis le gustaba mucho el baloncesto, además de ser amigo de Michael Jordan, con quien había coincidido siendo estudiante en la Universidad de Carolina del Norte.

En base a lo cual, hablamos de cómo funciona la cabeza de un buen jugador de baloncesto. Podía percibir que Jordan no se detenía en medio de una aproximación a canasta para pensar detenidamente en los mecanismos. Jordan fijaba sus ojos en el aro y dejaba que la pelota saliera de él. Yo quería que Davis reaccionara del mismo modo ante sus objetivos.

Para ayudarle a romper con sus viejos hábitos, le pedí que intentara una nueva rutina con el *putt*. Esencialmente, cualquier rutina válida se compone de tres elementos: una última mirada al objetivo, volver de nuevo la mirada a la bola, e iniciar el *swing*. Las tres deberían realizarse rítmica y secuencialmente, de modo que no exista ningún intervalo considerable desde la mirada a la bola y el inicio del *swing*. Quiero que la mente y el sistema nervioso reaccionen tras esa última mirada al objetivo. Muchas de las rutinas de los jugadores fallan porque permiten que los pensamientos mecánicos, tales como iniciar el movimiento de la cabeza del *putter* en una cierta línea, interfieran con esa reacción. Por ello sugerí a Davis que comenzara a iniciar el movimiento del *putter* en cuanto pusiera sus ojos sobre la bola.

Davis entendió la idea, y adoptó la nueva rutina. Cuando le volví a ver, en el Byron Nelson Classic de Dallas, se sentía aliviado por haber abandonado sus viejos hábitos que le hacían permanecer sobre la bola un buen rato, poniéndole tenso justo antes de golpear el *putt*. Me comentó que sentía que llegaba a la bola y la golpeaba. Se encontraba muy cómodo, y jugaba el *putt* con solidez. Estaba “liberándose”.

Ahora, el problema radicaba en que se estaba pasando más de metro y medio con muchos *putts.*

–¿De qué te estás liberando? –le pregunté.

–De nada –respondió–. Únicamente miro el hoyo y golpeo la bola.

Estaba tan enfrascado en la idea de "liberarse" que se olvidaba de "liberarse" hacia algún lugar en especial. Era como si un *pitcher* lanzara "libremente" hacia el extremo sur del campo de juego, en vez de hacia el bolsillo del guante del *catcher*. Davis tenía que concentrarse en el objetivo más pequeño posible: en la línea que tomaría la bola desde su posición en el *green* hasta el fondo del hoyo. Tenía que pensar en el punto final, en el fondo del hoyo.

Consecuentemente, había pasado de ser demasiado cuidadoso a ser descuidado con sus *putts.* Liberarse sin ningún fin es jugar al golf con descuido, es relajarse demasiado. Ser cuidadoso e intentar conducir la bola es añadir tensión. Es fácil caer en uno de estos hábitos, pero no funcionan.

En el *putt,* el reto consiste en efectuar un golpe libre hacia un objetivo concreto. Guiar, conducir o ser cauteloso con el golpe de *putt* son errores provocados por la duda.

Davis regresó al *green* de prácticas. Unas semanas más tarde, durante el Colonial National Invitation de Forth Worth, el esfuerzo comenzó a dar sus frutos: empezó a meter *putts* desde todas las esquinas del *green.*

Para Davis, la imagen que solidificó su rutina era original. Pensaba en uno de estos pequeños artilugios que se encuentran en las mesas de trabajo de los ejecutivos, que consiste en cinco bolas de acero inoxidable que cuelgan de sus respectivos hilos, y que funcionan apartando la bola de la izquierda y soltándola, de modo que, al regresar y golpear a las bolas estáticas, la bola de la derecha se aparta creando un movimiento simétrico. A su vez, dicha bola, al golpear de nuevo las bolas estáticas reinicia la secuencia, creándose un ritmo de choque entre las bolas. Click, click, click. David dijo que notaba que imitaba este ritmo cuando miraba al hoyo, miraba la bola, y subía el *putt*.

Desde entonces y durante varios años, este ritmo ha sido la clave en la rutina del *putt* de Davis. Algunas personas se alejan de su rutina al volverse tensas y cuidadosas; Davis tiende a perder su toque cuando exagera su estado de relax y se olvida del objetivo. En el Abierto Británico de 1994, descubrió que ya estaba moviendo el *putt* mucho antes de volver a poner la vista sobre la bola, en lugar de intentar seguir el ritmo del click, click, click que le ayuda a centrarse en el objetivo. Acordarse de este ritmo le ayudó a corregir su error.

Davis y yo trabajamos sobre los mismos principios para la rutina de su *swing* completo. De nuevo, su problema era su tendencia a volverse descuidado. Le pedí que se asegurara de disponer del tiempo necesario para decidir exactamente el tipo de golpe que quería efectuar, antes de realizar el *swing* de práctica. Entonces, tenía que hacer este *swing* en serio, como si fuera el de verdad. Cuando hace todo esto, y mira a un objetivo concreto, es un gran golpeador.

Hablamos sobre el régimen de práctica y la preparación para los torneos. No soy partidario de dar muchos golpes de práctica, especialmente de *putt,* únicamente por el gusto de darlos. Estoy mucho más interesado en la calidad que en la cantidad de la práctica de un jugador. Si uno de mis jugadores entra en el *green* de prácticas, mete cuatro *putts* seguidos de tres metros, y sabe que su rutina es sólida, no veo ninguna razón por la que deba quedarse en el *putting-green* y seguir practicando, simplemente para justificar su cuota diaria. Lo único que puede pasar es que falle alguno, su confianza quede mermada, y sienta la necesidad de empezar a trabajar en la mecánica del *putt*.

Un jugador se tiene que conocer. Debe saber la cantidad y el tipo de práctica que necesita para estar en forma, y tiene que llevar a término dicha práctica. Pero pasar ese punto puede ser contraproducente. Es parecido a los dos fallos antes comentados –estar muy tenso o muy relajado–, que Davis tuvo que aprender a evitar en su rutina de *putt*. Un jugador tiene que encontrar el punto medio idóneo.

Esta idea llamó la atención de Davis. Siempre ha querido ser lo mejor posible; sueña con ganar torneos grandes, y está dispuesto a trabajar lo que sea necesario para hacer realidad dichos sueños. Pero quiere ser lo mejor posible de forma eficiente; en parte, porque ha tenido problemas con su muñeca, y no está interesado en practicar sólo por practicar, ni en la cantidad de bolas que da. Y en parte, porque tiene otros intereses en la vida: su familia y sus *hobbies*. Le encanta cazar y pescar.

Le dije que todo esto estaba bien. Incluso podía utilizar sus *hobbies* para reforzar lo que estábamos intentando en su juego. Un pescador que ve un punto en la corriente del río, e instintivamente lanza la línea hacia él, tiene mucho en común con el jugador de golf que ve el agujero y juega el *putt* hacia él.

Pero Davis también pensaba, erróneamente según mi opinión, que su padre no lo hubiera aceptado. Recuerda a su padre como un superintendente, y todavía escucha los susurros que le decían que podía mejorar aún más si trabajaba con mayor dureza.

A esto hay que añadirle una tragedia. Davis Love Jr. murió en un accidente de avioneta en 1988. Davis III sintió el dolor que todo hijo siente al perder al padre querido. Pero también sintió muy profundamente la pérdida de un mentor. A menudo, se imagina las conversaciones que habría mantenido con su padre. En los últimos siete años, ha aprendido mucho sobre sí mismo y sobre el golf. Le encantaría poder comentar con su padre lo que ha aprendido.

Basándome en mis conversaciones con Davis Jr., he llegado a varias conclusiones; la primera es que estaría encantado de ver los grandes progresos de su hijo. La segunda es que estaría de acuerdo sobre la importancia de que su hijo estuviera relajado y confiado cuando jugase. Creo que diría que Davis III lo está haciendo muy bien y está mejorando. Entendería que su hijo podría volverse tenso, ansioso e incluso peor si empezara a dedicar las veinticuatro horas del día únicamente a jugar al golf.

LA TENSIÓN Y LA ANSIEDAD tienen mucho que ver, en mi opinión, con los problemas que Davis tenía para jugar bien en los torneos grandes. Tras ganar más de media docena de torneos en el circuito, los periodistas empezaron a incluirle en las listas de "los mejores jugadores que aún no han ganado ningún grande". Públicamente, Davis siempre contestaba que como nunca se había encontrado con posibilidades de ganar un grande, nadie podía decir que era capaz de ganar uno. Estaba intentando disminuir la presión, y las expectativas hacia él.

Pero, interiormente, las expectativas que Davis tenía eran superiores a las de los periodistas. Notaba que los grandes tenían que ser más fáciles para él, porque se juegan en campos difíciles. La dificultad de los campos, razonaba, debería eliminar la posibilidad de que un jugador con inferior calidad de bola tuviera su semana con el *putter* y venciera. Pensaba que los grandes están hechos para jugadores como él, jugadores con una calidad de bola superior, que también son capaces de jugar bien el *putt*. Concretamente, se veía a sí mismo ganando el Masters. Los campos donde se juega el

Abierto Americano y la PGA suelen tener calles muy estrechas y un *rough* muy alto, dando ventaja a los jugadores precisos, incluso si no son pegadores como otros. Con lo cual siempre será un duro reto para él. Pero Augusta está pensado para los grandes pegadores, y el hecho de no estar entre los puestos con opción empezó a frustrarle. No podía relajarse, ni sacar a relucir su mejor golf.

Al empezar la temporada de 1994, la prioridad de Davis era jugar bien en los grandes. Llegó a Augusta pensando que estaba jugando correctamente tanto el juego largo como el *putt*. Sin embargo, tal y como sucede a veces cuando el jugador está tenso, lo hizo mal, y no pasó el corte.

Eso le dolió mucho, y le condujo a una espiral sin salida que le duró todo el verano. El golf dejó de ser una diversión. Peor aún, dejó de hacer lo que necesitaba para jugar bien. Cuando estaba en casa, practicaba menos. Cogía el avión el martes para ir a un torneo, llegaba al campo de prácticas, y empezaba a preguntarse dónde estaba su *swing*, y qué necesitaba para estar preparado. Su habilidad natural le ayudó a aguantar, pero tras haber acabado segundo en la Orden de Mérito en 1992, y decimosegundo en 1993, abandonó el grupo de los treinta primeros y no consiguió ganar ningún torneo. En ese momento, no entendía lo que le ocurría; pensaba que era víctima de una mala racha, y que se encontraba muy cerca de donde había llegado en 1992 y 1993. Pero no era cierto.

Davis empezó a resurgir del fango en la Copa Presidente, en otoño de 1994. Revitalizado por el reto de la competición por equipos, volvió a concentrarse en su juego y empezó a jugar bien. Pero ya era tarde para salvar la temporada. No jugó el Tour Championship. Y no se clasificó para el Masters.

Fui uno de los muchos que le dijo a Davis, durante ese otoño, que su compromiso se había diluido; también se lo dijo Jack Lumpkin, el profesor de golf de Davis, y su madre, Penta. Por ello, Davis merece un respeto. Parte del truco de mantenerse en la cima del golf consiste en rodearse de gente que te apoya, pero que también sabe avisarte cuando te estás saliendo del camino. Y parte del truco consiste en escucharles. Davis hizo ambas cosas.

Jack le comentó a Davis que se había vuelto algo descuidado con su colocación y alineación; su *swing* había pasado a ser demasiado vertical y suelto en la parte superior, y demasiado "de manos" en la parte inferior. Yo le dije que dejase de pensar tanto en ganar torneos grandes, y se comprometiera a hacer su rutina mental en cada golpe lo mejor posible, desde el primer día del primer torneo hasta el último del año.

Y durante noviembre y diciembre del mismo año, Davis empezó a trabajar duro. Eso no significa que estuviese todo el día tirando bolas hasta quedar exhausto. Lo que hizo fue trabajar en sus habilidades básicas, para establecer una buena base para la siguiente temporada. Y no regresó al circuito hasta que tuvo la certeza de haber resuelto los detalles de su *swing*, y de estar preparado mentalmente para jugar bien.

Se saltó algunos de los torneos de inicio de temporada, que normalmente juega, como son los de Hawai y Tucson, y empezó en Phoenix. Quedaba claro que se encontraba mucho más fino que el año anterior.

Pero ya no podía permitirse el lujo de volver a su mejor forma desde el anonimato. Como no había jugado bien en 1994, no había conseguido la invitación para el Masters. La única posibilidad que tenía para conseguirla, era ganando uno de los primeros torneos de la temporada. Cuando el circuito pasó de California a Florida, este dato se convirtió en una constante para la prensa del golf. ¿Podría conseguirlo Davis? Los periodistas se lo preguntaban sin parar.

Casi lo consiguió, al acabar en los puestos de honor en

Phoenix, Pebble Beach, y en el Doral. La penúltima oportunidad llegó en el Torneo de Campeones. Con el campo TPC Stadium preparado con las máximas dificultades, empezó con un 73, seguido de un 67 que le dejó empatado en tercera posición. El sábado hizo 74, y quedaba empatado en quinto lugar, a tres golpes de Corey Pavin y Bernhard Langer. El domingo, jugando con viento, con *greens* secos, y un *rough* muy alto, consiguió hacer 72. Quedó a tres golpes del ganador, Lee Janzen. Solamente le quedaba una oportunidad, el Freeport McMoRan Classic, en el English Turn Golf Club de Nueva Orleáns.

El reto de ganar el único torneo restante para clasificar en el Masters era extraordinario. Para empezar, nadie puede conocer cómo va a acabar un torneo; el jugador simplemente puede jugar lo mejor posible, y el resto depende de lo que hagan los demás. En segundo lugar, nadie puede sacar su mejor juego si algo desvía su atención del proceso de conectar bien cada golpe. La tarea a la que se enfrentaba Davis era parecida a la de realizar una operación de cerebro en la pista central de un circo. Así distraía el Masters.

Para acabar de redondear las cosas, Davis se enfrentaba al conflicto entre lo que su padre le habría aconsejado y lo que él consideraba que era lo mejor; pensaba que su padre le habría insistido en que trabajase muy duro: que llegara el lunes por la mañana al campo de prácticas para realizar una sesión grabada en vídeo, luego machacara sus errores de *swing*, cogiera el avión el lunes por la noche hacia Nueva Orleáns, para no perder tiempo viajando de día; luego debería jugar una vuelta de prácticas el martes por la mañana, y pasarse toda la tarde en el campo de prácticas y en el *putting green*; el miércoles, jugaría el *pro-am*, y luego, otra tarde entera de práctica.

En realidad, sospecho que Davis Jr. hubiera adoptado una actitud diferente. Creo que sabía que la insistencia, la actitud de practicar hasta que las manos sangren, es muy buena para los jugadores que están intentando pasar de un nivel medio a uno superior, pero no es tan efectiva para los jugadores que están intentando pasar de ser muy buenos a excelentes. Al nivel más alto, los jugadores disponen de un elemento añadido, la "indiferencia aristocrática": practican con vehemencia hasta que notan que están jugando bien; entonces saben que es la hora de bajar el ritmo, de relajarse.

Cuando Davis acabó el Players Championship, creía que estaba jugando realmente bien. Tras lo cual, hizo lo que él y su mujer Robin habían planeado: conducir hasta su casa en Sea Island, Ga., junto a sus invitados, Fred Couples y su novia. El lunes no cogió un palo; el martes, Davis y Fred jugaron un partido amistoso en Ocean Forest, un campo nuevo que Davis había ayudado a diseñar. El campo de prácticas aún no estaba abierto, por lo que no pudieron entrenar. Fred hizo 68 y Davis 66. Cogieron el avión hacia Nueva Orleáns, y descubrieron que habían sido los únicos del torneo que habían podido jugar el martes porque había llovido en Louisiana, y continuaba haciéndolo. El *pro-am* fue suspendido el miércoles. Davis nunca había jugado en ese campo, denominado English Turn. Ahora tenía que conocer el campo durante la competición. Pensó que podría ir conociéndolo a medida que lo jugaba.

Cuando comenzó el torneo, Davis estaba jugando bien. Empezó con un 68, a cuatro golpes del líder. El viernes, su 69 le condujo a la tercera posición compartida. Y el sábado, con dos *eagles* y tres *birdies*, hizo 66 y tomó el liderato.

Ahora sí que Davis se encontraba igual que Ulises navegando cerca de las sirenas. En cuanto tomó el liderato, las distracciones se intensificaron. El público gritaba: "¡Entradas para el Masters! ¡Necesito entradas para el Masters!" En la sala de prensa, los periodistas le acosaron a preguntas.

¿Creía él que podía ganar y tener acceso al Masters? ¿Qué significaba para él poder jugar el Masters? Ya habíamos comentado este tipo de distracciones en el pasado, y Davis sabía lo que tenía que hacer. Cada vez que alguien le comentaba algo acerca del Masters, tenía que pensar: "*Si quiero ganar este torneo y lograr el acceso al Masters, tengo que concentrarme en mi rutina para cada golpe. No puedo empezar a pensar en el Masters*".

Pero no era nada fácil.

Llamé a Davis como de costumbre, hablamos del baloncesto universitario. Parte de mi trabajo consiste en encontrar la forma más efectiva de hablar con cada individuo. Muchos deportistas, incluido Davis, reaccionan bien a las analogías establecidas con otros deportes en los que están interesados. Además de hablar de la mentalidad de Michael Jordan al efectuar lanzamientos, a menudo he hablado de Dean Smith con Davis. Le recalco que Dean ejecuta su plan de juego sin importar lo que haga el equipo contrario. Davis tenía que imitar eso. Y hablar de baloncesto es una forma de relajación, estado que pretendía que Davis adquiriera.

Mike Heinen efectuó una remontada tremenda el domingo, haciendo un 62. Justo antes de terminar la primera vuelta, Davis miró la pizarra y vio que se hallaba a dos golpes por detrás. Como ya he dicho alguna vez, no recomiendo que los jugadores miren las pizarras. Es mejor si se mantienen al margen, y sólo prestan atención a un buen plan de juego y a una buena rutina; lo que estén haciendo otros puede ser tan sólo una distracción. Pero muchos jugadores no pueden o no podrán evitar mirar las pizarras, y Davis es uno de ellos. Si ése fuera el caso, es preferible que sean capaces de usar la pizarra como coletilla para centrarse con firmeza en su propio juego, en su propia rutina.

Davis así lo hizo. Y cuando se encontraba en el *green* del

nueve, esperando para intentar meter un *putt* de dos metros y medio, se dijo a sí mismo: *"Muy bien, tengo que jugar diez hoyos centrado exclusivamente en la rutina. Simplemente síguela e intenta acabar más suelto"*.

Con esta premisa en mente, embocó el *putt*. Y comenzó la remontada. Hizo *eagle* en el once, *birdie* en el doce y en el quince, y recuperó el liderato por dos golpes.

En ese momento, Davis escuchó el canto de las sirenas durante un instante, y casi hace zozobrar su barca contra las rocas. Su pensamiento le trasladó de su rutina del presente al futuro, a la seducción del Masters. Se dijo a sí mismo: "Muy bien, con el par te vas a Augusta".

En el hoyo 16 hizo un *hook* con el *drive* y envió la salida a un *bunker*, pero se las arregló para llegar a *green* y hacer el par. El hoyo 17 es un par tres, de 186 metros, con agua y un largo *bunker* que protege la parte izquierda. Davis cogió un hierro 6 y se dijo a sí mismo: *"Simplemente ponla en medio del* green". Volvió a hacer *hook* y la metió en *bunker*, y a pesar de haber hecho una buena sacada de *bunker*, no pudo meter el *putt*.

En el hoyo 18, un par cuatro lleno de agua y de *bunkers* de 424 metros, apuntó su *drive* a una letra del cartel "Freeport McMoran" que estaba detrás del *green*, e hizo volar la bola a más de 270 metros en la calle, y se quedó a menos de 135 metros del hoyo. Para él era un hierro 9, pero luego pensó: *"No, daré un hierro 8 suave, simplemente juégala al lado derecho del* green. *Tengo todo el* green *para trabajar"*. Abandonó el golpe y la envió al *bunker*. Otro *bogey*, y el torneo acabó en empate.

A pesar de que el 17 y 18 son hoyos difíciles para acabar, muchos críticos serios no dudaban al decir que Davis se había encogido, que tuvo miedo o falta de confianza.

Sin embargo, el estar encogido no es más que estar distraído por algo. En el caso de Davis, pensar en el Masters le había apartado de los dos elementos vitales de su rutina previa al golpe. La primera era escoger el objetivo más pequeño posible.

La mente y el sistema nervioso de un golfista actúan mejor cuando están centrados en un objetivo pequeño y preciso.

Me gusta que los jugadores apunten hacia algo tan pequeño como una rama de un árbol, y no hacia un lado de la calle o del *green*. Me gusta que apunten a un pequeño punto en el borde del agujero, o a una mota de césped en particular cuando se colocan para jugar el *putt*.

Cuando Davis apuntaba a objetivos indefinidos como el área del *green* en el hoyo 17 o el lado del *green* en el 18, lo que estaba haciendo era meterse en problemas. Tal y como me dijo más tarde, lo más peligroso que uno puede hacer es darle a la bola sin saber a dónde quiere que vaya.

El segundo elemento vital que olvidó fue la decisión. Su primera impresión le dictó que jugara un hierro 9 hacia el *green* del dieciocho. El noventa y nueve por ciento de las veces un jugador lo hará mejor si sigue lo que le dicta su primera impresión y da un golpe decidido, de lo que lo hará si reconsidera y cambia de palo. Incluso si la segunda elección es técnicamente la correcta, su *swing* está posiblemente destinado a verse afectado por la duda y la indecisión.

Afortunadamente, Davis tuvo la capacidad de descubrir su error. Nunca había ganado un desempate anteriormente, pero sabía lo que tenía que corregir para ganar éste.

Él y Heinen hicieron par en el 16, el primer hoyo del desempate. Volvieron al 17. Esta vez, Davis escogió un objetivo pequeño. Había estado golpeando los hierros con *draw* ese día, por lo que escogió una de las patas de la torre de televisión que estaba detrás del *green*, a cinco metros a la derecha del hoyo. Hizo el *swing*, y el golpe salió con *draw* hacia la bandera tal y como lo había visionado. Casi la mete, pero se pasó un metro.

Cuando Davis iba hacia el *green* del diecisiete, su cara estaba roja y tensa. Sus seguidores podían ver cómo se movían sus labios. Podían ver que hablaba sólo. Menos mal que no le podían oír porque lo que decía no era muy agradable. Se culpaba por haberse olvidado del pequeño objetivo y por su indecisión en los hoyos setenta y uno y setenta y dos.

Pero lo superó a tiempo, metiendo el *putt* de *birdie* y ganando el torneo. Creo que fue un giro en su carrera. La siguiente vez que hablamos veía las cosas en la perspectiva correcta. Estaba contento y orgulloso por haber reaccionado ante la presión de los dos últimos *bogeys* y del desempate, no por haberse enfadado, sino por corregir su error y volver a su rutina mental. Tenía derecho a estar encantado y orgulloso.

PERO SU SATISFACCIÓN se mantuvo pura durante una hora más o menos. Augusta le envió la invitación por fax al English Turn, y en él le expresaban lo contentos que estaban de su regreso al Masters. Su esposa Robin planeó festejar su victoria. Jeff Sluman y Fred Couples le llamaron para compartir las casas que habían alquilado en Augusta. Luego, cuando abandonaba el English Turn, alguien le comunicó la noticia de que Harvey Penick había muerto.

El mundo del golf sabía lo que Harvey Penick había significado para Tom Kite y Ben Crenshaw. Y pocos sabían de su relación con Davis. Harvey Penick había sido el entrenador universitario de Davis Love Jr., pero, más que eso, era su ideal.

–Mi padre –solía decir Davis III–, pensaba siempre que

Harvey Penick fue el hombre más grande de todas las épocas. Era *el golf* en persona para él.

Davis III había visitado a Harvey Penick varias veces. Harvey siempre le hablaba graciosamente y le invitaba a tomar una clase informal. Y Davis III siempre tenía la sensación de estar escuchando de nuevo las cosas que había oído toda su vida de su padre, pero ahora directamente de la fuente original. Por lo tanto, la muerte de Harvey Penick significó para Davis la desaparición de otro lazo de unión con su padre.

Se le quitaron las ganas de celebrar su victoria, e incluso no quería seguir su plan de entrenamiento en Augusta. Quería volar a Austin el martes por la noche para asistir al funeral de Harvey Penick el miércoles, y volver a Augusta a tiempo para dar unas pocas bolas de práctica el miércoles por la noche.

Irónicamente, Ben Crenshaw le convenció de lo contrario. Ben había jugado con Davis el jueves y el viernes en Nueva Orleáns. Y Ben había jugado mal. El dedo gordo del pie derecho le había molestado y no podía darle al *drive* con rectitud. Jugó el *putt* tan mal que empleó el hierro 1 en *green* en los tres últimos hoyos del viernes. No pasó el corte y volvió a casa, a Austin, y estuvo allí cuando el Sr. Penick murió.

El lunes por la noche, Davis llamó a Ben para preguntarle por el funeral.

–Mira Davis –le dijo Ben–. Acabas de ganar en Nueva Orleáns. Estás en las alturas y necesitas practicar y estar preparado. Le transmitiremos a la familia tus respetos, y que vendrás a visitar a Helen y a Tinsley (la Sra. Penick y su hijo) más adelante.

Davis no se quedó convencido, pero su mujer y su madre apoyaron el consejo de Ben. Y además, había una parte dentro de él que no podía esperar a llegar a Augusta. Esa parte de él sentía de forma parecida a la de un niño que espera impaciente en la cama la noche de Navidad, pensando ansiosamente en los regalos que le esperan. No era sólo el hecho de que su *swing* y su *putt* estuvieran acoplados. Era la forma en la que había ganado en Nueva Orleáns: recobrando su compostura y viniendo de atrás para ganar el desempate. Se había probado algo a sí mismo.

De una forma triste e irónica, la pena por la muerte de Harvey Penick ayudó a Davis. Eliminó toda posibilidad de estar eufórico o fuera de sí después de Nueva Orleáns. Le ayudó a evitar el bajón que los jugadores sufren con frecuencia la semana después de ganar un torneo, cuando sus pensamientos tienden a retroceder al pasado inmediato, en vez de centrarse en el presente. Se acordó de las cosas sabias que había escuchado de su padre y del Sr. Penick. De la misma forma irónica, la pena ayudó a Ben Crenshaw a mantenerse centrado.

Hablé brevemente con Davis antes de cada vuelta del Masters. Intenté recordarle que siguiera pensando de la forma en la que lo hizo durante el desempate en Nueva Orleáns: dejarla salir hacia un objetivo concreto, seguir su rutina en cada golpe y ser paciente.

Davis estuvo un poco dubitativo en la primera vuelta, haciendo un 37 en los primeros nueve hoyos. Pero su renovada confianza se hizo patente al no descorazonarse o impacientarse, logrando convertir ese arranque mediocre en una vuelta que le mantuviera con posibilidades. Acabó los segundos nueve hoyos con 32 y finalizó el día empatado en el puesto noveno.

Otro 69 del viernes le dejó empatado en el séptimo lugar. Un 71 el sábado le dejó con un total de 209 golpes empatado con Greg Norman en el undécimo puesto, a tan sólo tres golpes de los líderes Crenshaw y Brian Henninger.

El domingo por la mañana llegó al campo excitado. Cuando Davis está excitado camina, habla, y piensa más deprisa.

Siente mariposas en el estómago, y se siente hambriento, pero no puede comer, y tiene la misma sensación que un corredor en la línea de salida de una final olímpica. Está preparado para empezar.

Davis sabía que tenía que encontrar una forma de ralentizar su ritmo, como respirar hondo o aminorar el paso. Se encontró con varios amigos de su ciudad, les consiguió los pases y distintivos apropiados, y se sentó a comer con ellos en el porche de delante de la casa club del Augusta National. Hablaron de lo que harían posteriormente en Sea Island al acabar el torneo. Puede que fuera el ambiente de los alrededores o la sensación de ocio, o quizá la idea de ir a pescar lo que le relajó.

Al acabar de comer, se fue al campo de prácticas con Jack Lumpkin para calentar, y luego regresó al *putting-green,* donde me topé con él. Yo estaba pensando en algo que había escuchado recientemente acerca del equipo de baloncesto de UCLA. En el campeonato de la NCAA[1], los Bruins tuvieron que jugar sin su base estrella, Tyus Edney, que estaba lesionado. A pesar de la ausencia de Edney, UCLA jugó un gran partido y ganó. Más tarde, uno de los jugadores asociaba la actitud confiada y suelta con algo que Ed O'Bannon había dicho a sus compañeros durante un tiempo muerto del partido. "Olvidaos de que estamos en el Campeonato de la NCAA. Se trata sólo de un partido informal. Jugad como en la calle."

Davis y yo hablamos de algo parecido en el pasado. Davis sabía lo mucho que le gustaba a Michael Jordan regresar a Chapel Hill durante el verano, y jugar partidos informales con antiguos y grandes jugadores de Carolina. Jordan siempre parecía estar iluminado en esos partidos, incluso tenien-

[1] Campeonato Nacional Universitario de Baloncesto de los Estados Unidos. *(N. de los T.)*

do enfrente a jugadores profesionales. Lo que convertía a Jordan en Jordan era que jugaba igual que si estuviera en los *playoffs* de la liga contra los Knicks o los Lakers. Otros jugadores de inferior calidad pensarían que el baloncesto de los *playoffs* de la liga era mucho más serio que el de Chapel Hill en julio. Y ésa era una de las razones por las que Jordan les superaba.

Tras lo cual, cuando Davis abandonó el *putting-green* para dirigirse al *tee* del 1, le dije: "Recuerda, sólo se trata de un partido cualquiera".

Davis y Norman, que jugaban juntos, empezaron con par en el uno y *birdie* en el dos, un par cinco accesible. Davis hizo *birdie* en el hoyo cinco, y Norman en el seis embocando un *putt* desde fuera de *green*. El siete resultó un hoyo clave para Davis tras dar un mal *drive* que fue a parar a los árboles de la parte derecha del hoyo. El siete es un par cuatro corto, de apenas 324 metros, pero el *green*, los *bunkers* y las hondonadas que lo rodean son traicioneros. A Davis sólo le quedaban 115 metros, pero no tenía tiro directo a *green*. Tenía que dar un golpe con *fade* por bajo y rodeando los árboles, luego superar el profundo *bunker* situado al principio del *green*. Cortó un hierro 7 que fue a parar a *green*, y salvó el par. Luego hizo *birdie* en el ocho, el segundo par cinco, y acabó con par en el nueve, para un total de 33 golpes en la primera vuelta.

En ese momento, se encontraba liderando el torneo junto a Greg Norman.

Ninguna máxima es más cierta que la de que el Masters empieza en la segunda vuelta del domingo por la tarde. Empezando por el *Amen Corner*[2], el campo proporciona nueve

[2] La esquina que forman los hoyos 11, 12 y 13 del Augusta National, bautizada así por Arnold Palmer por salir de ellos santiguándose, dada su extremada dificultad. *(N. de los T.)*

oportunidades para el drama, el heroísmo y el desastre. El ganador es normalmente el jugador que controla mejor su juego y sus emociones bajo esta presión tan intensa.

"Muy bien", se dijo Davis. *"Tienes un reto delante de ti. Aún te queda mucho. Intenta jugar los mejores nueve hoyos que nunca hayas jugado. Métete en la rutina. Diviértete."*

Efectuó dos golpes muy buenos en el hoyo 10 dejando la bola a tres metros.

El golpe de aproximación de Norman había ido a parar a la izquierda de *green,* a una hondonada entre algunos pinos. Parecía que tenía que jugar muy bien para salvar el *bogey*. Pero Norman botó su *chip* pasada la pendiente, entró en *green,* golpeó la bandera y cayó en el hoyo. El público explotó de júbilo, y Davis pensó: "*Dios mío, aquí está Norman*".

La rutina le salvó. Aunque se notaba nervioso y excitado, sintió una especie de paz cuando entró en su proceso rutinario: mirar la caída, escoger el objetivo y la línea, alinear el cuerpo, mirar por última vez y dejar que el golpe salga. Click-click-click. La bola entró.

Hizo par en el once y en el doce, lo que no es nada fácil en esas circunstancias. Pero el hoyo 13, un par cinco de 437 metros rodeado por el Arroyo de Rae, siempre ha resultado difícil para Davis. Su largo golpe de salida hace posible alcanzar el *green* de dos, y conseguir un *birdie*.

Pero el segundo golpe hay que darlo siempre desde un *lie* en pendiente, que hace que sea imposible para Davis dar su golpe natural, un *fade* elevado. Pensó en la cantidad de veces que había fallado este golpe; lo volvió a fallar, enviando un hierro 7 al lado izquierdo del *green*, tan a la izquierda que parecía estar a kilómetros del agujero. Hizo tres *putt*s para acabar con un par que sabía a *bogey*. Norman hizo *birdie*, con lo cual Davis se situó por detrás de él y de Crenshaw.

Más tarde reconocería que estaba nervioso. Muy nervioso. Pero en los últimos cinco hoyos se olvidó del fallo del hoyo 13. Aprendió lo bien que podía jugar estando nervioso.

En el hoyo 14, dejó el *wedge* a menos de un metro e hizo *birdie.* Su *drive* en el hoyo 15, un par cinco de 450 metros, fue tan largo que sólo necesitó un hierro 9 en su segundo golpe. La dejó a tres metros del hoyo y casi metió el *putt* de *eagle*.

En el hoyo 16, envió un hierro 6 de 170 metros prácticamente donde quería. Voló por encima del agua y aterrizó en *green*. La bola tenía que haber botado medio metro más a la izquierda. De haberlo hecho, habría cogido la pendiente y rodado hacia la bandera, y probablemente se hubiera detenido a menos de dos metros. Por el contrario, se mantuvo en la plataforma superior del *green* a dieciocho metros de bandera. Davis hizo un buen intento con el *putt*, pero era imposible dejar la bola cerca del hoyo. Hizo *bogey*.

Se dijo a sí mismo que no estaba fuera del torneo, si conseguía hacer *birdie* en los últimos dos hoyos. El hoyo 17 es un par cuatro de 360 metros. Para los profesionales, pasar el Árbol de Eisenhower no es un problema. El golpe de aproximación sí lo es. Si no se golpea con precisión, la bola puede rodar a la izquierda o derecha del hoyo, dejando unos *chips* traicioneros que aumentan las posibilidades de hacer *bogey*. Mientras caminaba por la calle después de dar otro *drive* largo y recto, Davis pensó por un momento en algunos golpes desastrosos que había visto en ese hoyo. Entonces se recordó a sí mismo todo lo que había aprendido esa primavera, toda la disciplina que había adquirido. Se dijo a sí mismo: *"Voy a meter este golpe"*, y centró su atención únicamente en la bandera. Hizo el *swing* con el *wedge*. La bola se detuvo a diez centímetros del hoyo, y embocó el *putt*.

Y por supuesto, no ganó. Jugó el hoyo 18 con valentía, haciendo *approach* y *putt* desde la izquierda de *green* para salvar el par. Acabó con 66, y con su total de 275 habría bastado para ganar dieciséis de los últimos dieciocho Masters.

Pero Crenshaw, que jugaba detrás suyo, estuvo tan valiente como él, aunque un poco mejor con el *putter*. Crenshaw ganó por un golpe.

Pero Davis no perdió. No sólo se había mantenido con posibilidades en un grande por primera vez en su carrera, sino que además había jugado bien.

Y lo que es más importante, había aprendido mucho sobre sí mismo, y sobre su juego en el duro camino que iba desde un año nefasto hasta su clasificación para el Masters. Estas lecciones le sirvieron en algunos momentos críticos durante el resto de la temporada: jugó muy bien en el Abierto Americano, y fue uno de los pilares del equipo americano en la Ryder Cup.

Después de todo esto, estoy seguro de que mejorará.

5.

Cómo Val Skinner ganó el Sprint Championship

POCOS LUGARES EN un campo de golf exigen un planteamiento más acertado que un par cinco corto, peligroso y alcanzable con dos golpes. El hoyo dieciocho del nuevo campo de la LPGA International de Daytona Beach es justo ese tipo de hoyo: 407 metros, con un lago que se extiende por la parte izquierda del hoyo desde el *tee* hasta el *green*.

Cuando Val Skinner llegó a ese hoyo en la última vuelta del Sprint Championship del 95, la necesidad de pensar de forma segura y clara no hubiera podido ser mejor ejemplo. Val empezó el día a un golpe de la líder de la tercera vuelta, Kris Tschetter, pero una cadena de tres *birdies* en los hoyos 2, 3 y 4 le dieron el liderato, llegando al dieciocho con dos golpes de ventaja respecto a Kris.

Era evidente que Val quería ganar. Acababa de hacerse con cinco torneos del circuito; 1994 era su mejor año, había logrado ganar el Atlanta Women's Championship y más de 350.000 dólares americanos. Pero desde Atlanta y durante los primeros meses de 1995, había experimentado la frustración de jugar lo suficientemente bien para ganar, sin llegar a conseguirlo.

Y algunas veces, Val se impacienta cuando no gana. Creció en Nebraska, y es hija de un profesor de golf que le puso sus primeros palos de golf en las manos cuando apenas comenzaba a caminar. Desarrolló un juego muy potente. Durante su último año de colegio ganó veinte títulos, y su éxito continuó en la universidad. En el estado de Oklahoma fue una de las ocho mejores deportistas del año, lideró dos veces la lista de promedios por vuelta, y fue la jugadora universitaria del año.

Cuando se convirtió en profesional, tuvo que aprender a tener paciencia. Ninguna profesional está acostumbrada a ganar tan a menudo como lo estaba Val durante su época de *amateur*. Cuando empecé a trabajar con ella, me di cuenta de que jugaba mejor durante aquellas semanas en las que podía situar su mente en un estado de calma y serenidad.

Pero a Val no le sale de forma natural esa melosa serenidad. Goza de una personalidad entusiasta y abierta, y realmente ama el golf. Le encanta pensar en el juego y analizarlo. Si añadimos a esas cualidades la frustración que se cuela cuando pasa mucho tiempo entre triunfo y triunfo, Val ya tiene un reto. Tiene que trabajar duro para hacer frente al elevado listón que se ha puesto a sí misma, para moderar los remiendos que hace a su *swing* cuando está compitiendo, y para confiar en que mantener firme una rutina mental y física le llevará a sus mejores resultados. Y tiene que trabajar duro para mantener su plan de juego.

Val es una gran pegadora. Tiene una media de 215 metros con el *driver,* pero puede colocar salidas a 245 metros en condiciones favorables. Evidentemente, ser una gran pegadora es una ventaja, pero no una ventaja completa. Dada su pegada, frecuentemente juega un hierro corto de segundo golpe en los pares cuatro; un hierro 7 cuando la mayoría juega un hierro 5. Esto aumenta la tentación de jugar el golpe a bandera. Pero esto es bueno cuando jugar a bandera es la solución más inteligente, aunque puede resultar un desastre cuando la bandera está puesta en una posición muy difícil, cerca de un obstáculo.

Además, su pegada le permite intentar alcanzar el *green* en muchos pares cinco con dos golpes. Y en muchos casos, esto es exactamente lo que ella debería hacer. No se ganan muchos campeonatos tan sólo jugando al par. La mayoría se gana con algo parecido a 10 ó 15 bajo par. Eso significa hacer *birdies,* y un par cinco alcanzable es el lugar idóneo para los grandes pegadores.

No enseño ninguna regla tajante para tomar decisiones sobre la estrategia a seguir en los pares cinco. Pero existen un par de premisas. La primera es que un jugador siempre debe sopesar los riesgos frente a las recompensas. ¿Qué es lo peor que puede pasar si un segundo golpe largo a *green* sale torcido? Si puede irse fuera de límites, con un golpe y distancia de penalidad, aumenta el cálculo del riesgo. Si un obstáculo lateral de agua es el peor castigo, el riesgo se reduce. Un jugador puede dropar una bola al borde del obstáculo, jugar un *pitch* a *green* y todavía puede hacer par si mete el *putt.* Y si el peor obstáculo es un *bunker* o un *rough,* el riesgo es mínimo. En estos casos, el potencial para hacer *eagle* o *birdie* casi siempre sobrepasa el riesgo.

La segunda constante es el plan de juego. Quiero que los profesionales tomen sus decisiones con respecto a los pares cinco el martes o el miércoles, durante las vueltas de práctica. De esa forma, tales decisiones serán tomadas en frío y no en plena competición. Está claro que un plan tiene que tener cierta flexibilidad, teniendo en cuenta cosas como la presencia o ausencia de viento a favor. Pero en general, un jugador que piensa que está ejecutando un plan de juego es probable que sea más decidido que un jugador que entra en el *tee* preguntándose qué hacer. Y los jugadores decididos, desde luego, dan mejores golpes.

Val, indudablemente, tenía un plan de juego para el LPGA International. Y su plan le dictaba intentar llegar de dos a *green* en el 18.

Tenía mucho tiempo para pensar sobre ello en el *tee*. El juego se había ralentizado por delante del último partido. El parón parecía interminable. Val había intentado, durante el parón anterior, conversar sobre el tiempo, pero ni Kris ni Beth Daniel, la tercera componente del grupo, estaban por la labor.

Entonces se dio cuenta de lo que le rodeaba. Percibió el público y las cámaras de televisión, y deliberadamente apartó la vista de la pizarra.

Generalmente, Val no quiere saber la posición en la que se encuentra en un torneo. Tiene un plan de juego que está diseñado para proporcionarle el resultado más bajo posible. Quiere llevarlo a cabo, por lo que cualquier otra información es ajena y resulta un foco de distracción.

Pero existen unas pocas situaciones en las que sí quiere conocer su posición. Una de ellas es cuando se encuentra en el *tee* del hoyo 18 el domingo por la tarde, con posibilidades de ganar el torneo. Podía adivinar, por la forma en que Kris había jugado y la reacción del público, que tenía el liderato. No sabía por cuántos golpes, y se dirigió a su *caddie*.

–¿Qué tal lo estamos haciendo? –preguntó.

–Muy bien –respondió él.

–¿Qué resultado necesito?

–Basta con hacer el par.

Esta respuesta no le tranquilizó.

Pensó que disponía de tres palos para efectuar la salida: el *driver*, la madera 3 y el hierro 3. Había utilizado el *driver* en este hoyo toda la semana, intentando enviar la bola a la parte derecha de la calle. En dos ocasiones la estrategia funcionó, y alcanzó el *green* de dos; y en una, enterró la bola en uno de los *bunkers* situados a la derecha de la calle.

Pensó en los palos más cortos. Si salía con uno de ellos, tendría que dar un segundo golpe con un hierro a la zona más estrecha de la calle, lo cual le dejaba una clara posibilidad de jugar el tercer golpe a *green* desde un *lie* complicado en *rough*. Con el *driver,* calculó que lo peor que le podía pasar era bloquear el golpe e ir a parar a la derecha de los *bunkers* de la calle. Si eso ocurría, podía jugar un *wedge* de vuelta a la calle, y aún dispondría de un hierro corto para dar el tercer golpe.

Por lo tanto, se decidió por el *driver*. En cuanto sacó el palo de la bolsa, notó una reacción. Daba la impresión de que Peter Kostis, el periodista de color de televisión, que iba caminando con el grupo, le había visto sacar la espada ceremonial para el haraquiri. Podía notar que estaba menospreciando la lógica convencional.

En este caso, la lógica convencional dice que, con dos golpes de ventaja en el liderato, hay que jugar a asegurar, utilizando un hierro desde el *tee,* para hacer un par sin complicaciones y proteger el liderato.

En este caso, la lógica convencional estaba en un error.

Soy partidario, y siempre lo he sido, de una estrategia conservadora y de un *swing* arrogante. Pero la parte importante de esta frase no es la estrategia conservadora, sino el *swing* arrogante. Una estrategia conservadora constituye el medio para un fin. El fin es un estado de la mente confiado y decidido mientras el jugador da el golpe.

La elección acertada es la elección decidida.

Y Val, siguiendo su plan de juego, tomó dicha elección. Su error llegó posteriormente. Cuando inició el *back-*

swing, lo último que pasó por su mente fue la visión de los *bunkers* en la parte derecha de la calle, en los cuales había caído anteriormente.

"*Aléjate de esos bunkers*", pensó.

Su mente y su sistema nervioso reaccionaron a tal pensamiento. Su cuerpo se puso rígido en el *downswing*. Sus caderas se quedaron retrasadas y envió la bola a la izquierda, al agua.

Posteriormente, claro está, todos los comentaristas querían malinterpretar los hechos. Val había menospreciado la lógica convencional y había enviado la bola al agua. El trabajo de los comentaristas consiste en buscar los tres pies al gato. Pero se olvidan de cuán a menudo alguien coge el hierro 3, hace un *swing* conservador y controlado, y también la envía al agua.

Val abandonó el *tee* del dieciocho encendida. Pero entonces tomó una brillante decisión, la decisión de una campeona.

Decidió que lo único constructivo para ella era aceptar lo ocurrido, dejar a un lado su enfado, y continuar.

La aceptación es clave tras un mal golpe. Un jugador enfadado no puede realmente llevar a cabo la rutina mental que precede al golpe.

Un jugador inteligente sabe que los malos golpes ocurren a menudo en los momentos más inoportunos. Es parte del golf. El jugador inteligente lo acepta, tal como hizo Val.

Una de las ironías de este juego es que los malos jugadores tardan más en aceptar los malos golpes que los buenos jugadores. Muéstreme un partido de golfistas que juegan una vez al mes y no bajan de 100, y lo más probable es que le pueda mostrar más de una docena de maldiciones disimuladas, gritos de "¡No puedo creerlo!" y palos lanzados. Y ésos son los que nunca practican, y tienen *swings* que parecen hachazos de leñador.

Los profesionales que ganan torneos tienen razones de mayor peso para enfadarse cuando fallan un golpe. Después de todo, han practicado durante años, tienen buenos *swings*, y su subsistencia está en juego. Pero si son ganadores, saben que hay soluciones mejores que consentir el enfado. Saben que fallarán varios golpes, y lo aceptan cuando ocurre. Olvidan el mal golpe y piensan en dar el siguiente lo mejor posible.

Los lectores con memoria de elefante podrían estar pensando ahora: *"Un momento, ¿no fue Tommy Bolt el que tiró palos al agua? ¿Acaso no ganó el Abierto Americano?"*

Bueno, sí, lo hizo. Pero he aquí la opinión de Bolt al respecto:

"La rabia destruye tanto la concentración como la coordinación, y ello hace que se mezclen la rabia con los golpes, y se forma un lío tremendo."

Tenía razón. Si los *handicaps* altos aprendieran únicamente eso, en lo que a la parte mental del juego se refiere, podrían mejorar con sólo aprender a aceptar el resultado de cualquier golpe con ecuanimidad. Y serían mejores compañeros de juego.

AFORTUNADAMENTE, CUANDO llegó al borde del obstáculo de agua donde dropó, Val había dejado su rabia a un lado; y mientras caminaba se dijo a sí misma: *"No voy a dejar escapar este torneo"*, e invocó sus reservas de fuerza y compostura.

En efecto, tuvo que disponer un nuevo plan para el hoyo. Y lo primero que su plan tenía que tener en cuenta era el *lie* con el que se enfrentaría. Dropó la bola en el espeso *rough*, y como la pendiente caía hacia el agua, la bola se le quedó bastante más alta que los pies.

Aunque se acordaba de su rabia, no falló en aceptar su mala salida y dejarla tras de sí.

Val podía haber transformado un error en un desastre. La colocación le invitaba a hacer justo eso. El grueso *rough* de Bermuda[1] apresa la base del palo y hace que la cara se cierre en el momento del impacto. La inclinación de la pendiente tiende a producir un *swing* plano de dentro-fuera. Todos los elementos necesarios estaban presentes para que un jugador enfadado enviara otra bola al agua.

Val se hizo una composición de lugar. Dejó a un lado la idea de alcanzar el *green*. Estaba demasiado lejos, y más aún estando en esa posición. Planeó llegar con dos golpes más, quería jugar el *approach* con un *wedge* entero. Esto significaba que el siguiente golpe, el tercero, lo tenía que jugar con un palo más abierto.

Con mucha frecuencia, los jugadores que se encuentran con problemas en un hoyo, no hacen esto. Ven que están, digamos, a 225 metros de *green,* y a pesar de no poder alcanzarlo, sacan una madera. Se vuelven locos y lo único que quieren es enviar la bola lo más lejos posible. Pero incluso si le dan bien a la madera desde la calle, les queda luego un medio *wedge,* que muchos jugadores encuentran incómodo. Para salir de esta situación, es preferible jugar un hierro 6 y luego un *wedge* entero.

Y eso es lo que Val decidió hacer. No quería que su tercer golpe la dejase en una posición en la que tuviera que dar un golpe de *wedge* con suavidad. Podía sentir cómo se tensaba; quería hacer sólo *swings* enteros en ese estado. Por lo tanto, sacó el hierro 6.

A continuación, se ajustó al *lie* que tenía. Se puso en *stance,* con la bola más cerca del pie derecho de lo normal. Abrió un poco la cara del hierro 6, seleccionó un objetivo, bastante alejado del agua, concretamente hacia el *rough* del lado derecho.

---

[1] Es el tipo de hierba gruesa que crece en los lugares húmedos y calurosos. Es dura y crece abundantemente. *(N. de los T.)*

Esta vez, le quedó un buen *lie*. Se recordó a sí misma que, con anterioridad, había dado este golpe con el *wedge* desde el *rough* miles de veces. Realizó un bonito golpe, quedándose a metro y medio de bandera.

Se dirigió al *green* a paso largo. Después de que Kris Tschetter fallara su *putt* de *eagle*, Val podía hacer un seis y seguir ganando. Pero no tenía ninguna intención de hacer seis. Alineó el *putt* y embocó la bola. Ganó con estilo.

Después de la ceremonia de entrega, y después de que la prensa le hubiera atormentado, Val me llamó. Se preguntaba si había tomado la decisión correcta en el *tee* del dieciocho.

–Quizá un hierro 3 era justo lo que debería haber jugado. Quizá debería haberla golpeado hacia la calle –dijo ella.

Le indiqué que, tanto ella como otras jugadoras con grandes ambiciones, tenían que tener cuidado de no dejar que las críticas de terceros convirtieran una victoria en una derrota. Le indiqué que recordara que había mostrado la mente de una ganadora cuando aceptó el resultado de su salida, y continuó desde allí para acabar el hoyo con par. Y por último le dije que no diera segundas interpretaciones a la elección del palo realizada.

Para mí, es más importante ser decidido que actuar acertadamente. Porque por la parte que a mí me interesa, si una persona es decidida, actúa correctamente.

6.

Cómo Paul Runyan venció a Sam Snead por 8 a 7

CUANDO LOS FINALISTAS del Torneo de la PGA de 1938, celebrado en Shawnee Country Club, se dirigían hacia el primer *tee* de salida, resultaba difícil encontrar a un espectador o columnista deportivo que pensara que el resultado no estaba decidido. Uno de ellos, vestido ese año con una gorra ladeada de repartidor de periódicos y una camisa blanca de manga larga, era Sam Snead. El otro, un hombre con un elegante mechón de pelo rubio perfectamente peinado, era Paul Runyan.

La diferencia esencial entre ellos había quedado patente en el campo de prácticas cuando calentaban. Snead, que por entonces contaba veintiséis años, era, con todo el respeto, el John Daly de aquella época. Era un enjuto chico de campo, que pegaba con fuerza a la bola. Sus golpes de salida alcanzaban una distancia de 250 ó 260 metros, unos tremendos *drives* si tenemos en cuenta el material empleado en aquel entonces. Runyan, por el contrario, parecía un liliputiense.

Medía un metro sesenta con los zapatos de golf puestos, y pesaba 55 kilos después de desayunar. Por su constitución, quizá le regalaba a Snead cuarenta o cincuenta metros desde el *tee*.

Además, el campo también parecía favorecer a Snead. Shawnee fue el primer campo diseñado por A. W. Tillinghast, un americano de Filadelfia, cuyos últimos trabajos incluían algunos recorridos clásicos, tales como Winged Foot y Baltusrol. Es difícil decir si el campo de Shawnee era tan bueno entonces como lo es el actual. El líder de una banda de música, Fred Waring, compró el terreno en 1943; añadió nueve hoyos, y destruyó gran parte del diseño original de Tillinghast. Pero un aspecto del campo de Shawnee se mantiene igual que el antiguo recorrido.

El campo tenía los pares cinco relativamente cortos. Sam Snead podía llegar a *green* de dos en, al menos, tres de los cuatro existentes. Paul Runyan, cuyos *drives* llegaban quizá a 210 metros, no podría alcanzar ninguno.

Pero existían otros factores algo más sutiles, que daban a Runyan una posibilidad.

El primero era el *rough*. La mayoría de los hoyos de Shawnee estaban sobre una isla en el río Delaware. Al ser una tierra rica en minerales, el *rough* crecía espeso y fresco. Unos años antes al PGA de 1938, Runyan había participado en un evento menor en Shawnee. Recordaba que Bobby Cruickshank había encontrado su bola en el *rough* y, para no perderla, había dejado su bolsa junto a ella; se fue a ayudar a buscar la bola de su compañero, y unos minutos más tarde volvió y no pudo encontrar su bolsa. Si una bolsa de golf puede desaparecer en un momento en el *rough* de Shawnee, seguro que existe un premio por mantenerla en calle. Runyan haría eso.

El segundo aspecto –el más importante–, a favor de Runyan, era su juego corto.

Desde sus comienzos en golf, Paul Runyan comprendió la importancia que tenían el *chip*, el *pitch* y el *putt*. Necesitaba comprenderlo.

Nació en 1908, y era hijo de un campesino pobre de Hot Springs, Arkansas. Cuando era niño, el Hot Springs Country Club se fundó no muy lejos de la finca de su familia. Empezó haciendo de *caddie* allí, a pesar de que algunas veces tenía que convencer a la gente de que era lo suficientemente grande para llevar las bolsas. Y comenzó a jugar en cuanto pudo. Practicaba su *swing* en la pradera de su padre. De camino al colegio, se colaba en el campo y jugaba un par de hoyos. De vuelta, se llevaba un palo y saltaba por encima de la valla del hoyo cinco y jugaba hasta que el *greenkeeper* le pescaba.

En aquellas ocasiones en las que el club se lo permitía, podía competir contra otros *caddie*s. Pronto se dio cuenta de que muchos de ellos podían pisarle la salida. En defensa propia, empezó a centrarse en los golpes donde la fuerza y la longitud no entraban en juego, en los golpes cortos. Observaba a los socios del Hot Springs, y copió la técnica de *putt* de un hombre que creía que las manos tenían que estar una frente a la otra y con los codos doblados, uno justo detrás de la varilla y el otro frente a ella.

Runyan descubrió que también podía emplear esa misma técnica cuando se encontraba fuera de *green*. En aquellos días, los *greens* del sur no eran verdes. Eran de arena mezclada con aceite, porque los agrónomos todavía no habían desarrollado un tipo de Bermuda que pudiera cortarse a la mínima altura para el *putt*, y que sobreviviera al calor del verano. La arena engrasada no era uniforme; si la bola botaba en una zona blanda, se aposentaba y se paraba; si botaba en una zona dura, rebotaba y salía descontrolada. Runyan decidió que lo mejor era efectuar *chip*s bajos para que la bola rodara lo antes posible. Para lograr esto, adaptó su golpe de *putt* empleando los palos que utilizaba para el *pitch*.

Un día, jugó un partido con dos fornidos y jóvenes campesinos, los hermanos Lanoy. Prácticamente, en casi todos los hoyos, le pisaban su salida. Y en casi todos, Ruynan usaba su *chip* y *putt* para meter la bola en el hoyo antes de que ellos lo hicieran. Cuando los Lanoy comenzaron a partir palos con la rodilla como consecuencia de su frustración, Runyan se dio cuenta de que estaba en el buen camino. Había descubierto que un deportista que por encima de todo desea ganar, generalmente encuentra la forma de hacerlo. Y su baza era el juego corto.

A la edad de catorce años, se convirtió en el aprendiz de James Norton, el profesional de Hot Springs, y aprendió el arte de hacer palos de golf. Norton le aconsejó que se dejara bigote para parecer mayor, y al cabo de un par de años Runyan empezó a dar clases; aún las sigue dando, setenta años más tarde, mientras escribo esto. En 1927, tuvo su primer gran momento. La comunidad judía de Little Rock fundó su propio campo de golf, un diseño de nueve hoyos llamado Concordia Country Club. Paul Runyan fue contratado como profesional principal. Los socios no eran muy numerosos, y el club sólo estaba a tope los miércoles por la tarde y los fines de semana.

Esto le daba la posibilidad de practicar, y lo hacía cinco o seis horas al día. Más de la mitad de ese tiempo lo pasaba practicando el *chip*, el *pitch* y el *putt*. Hoy en día, el golf tiene estadísticas más que suficientes para demostrar la importancia del juego corto. Sabemos que en cualquier vuelta, la mayoría –tanto como el 70 por cien– de los golpes se darán a menos de noventa metros de bandera. Y sabemos que los *wedges* y el *putter* son los palos que hacen que los resultados sean bajos, que un *pitch* a bandera o un *putt* largo embocado salvan un golpe, mientras que un *drive* bien dado deja al jugador con muchos deberes por delante para hacer un par. Aquel que hoy en día no entienda la importancia del juego corto, sólo se puede culpar a sí mismo.

Pero cuando Runyan se enamoró de sus *wedges* y de su *putter,* era un pionero. Intuyó su importancia en una época en la que apenas unos pocos jugadores lo habían hecho. Y elevó su juego corto a otro nivel. Alrededor de *green,* no pensaba tan sólo en dejar sus *chips* cerca del hoyo, sino en meterlos. Y con mucha frecuencia los metía. Cuando comenzó a jugar torneos de profesionales, era lo suficientemente bueno para hacer una media de menos de dos golpes alrededor de *green*. En otras palabras, metía *chips* con mayor asiduidad de la que hacía tres golpes para embocar. En un evento de setenta y dos hoyos *medal play*[1], si podía mantenerse a menos de diez golpes de diferencia con respecto a los grandes pegadores, como Snead, desde el *tee* hasta el área del *green*, podía ganar. Calculó que era como mínimo diez golpes mejor desde cincuenta metros al hoyo.

Esto le proporcionaba una confianza que repercutía en todo su juego. Si un jugador piensa que puede hacer *chip* y *putt* desde cualquier parte alrededor del *green,* puede relajarse y hacer el *swing* con confianza en sus golpes largos. No se sentirá tentado de hacer más *swing* de la cuenta en los golpes de salida. Todas las facetas de su juego mejorarán.

Cualquiera de los jugadores con los que trabajo pueden atestiguar que éstos son los principios que enseño hoy. El golf ha sido, y sigue siendo, un juego en el que los ganadores deben poseer un excelente juego corto. Si hoy en día el juego corto es más importante de lo que lo era hace sesenta años, es porque la intensidad de la competición es mayor

[1] Modalidad de juego habitual en la que cuentan todos los golpes. *(N. de los T.)*

ahora de lo que lo era entonces, y todos pueden dirigir la bola muy bien.

Quiero que los jugadores se enamoren de su juego corto como hizo Paul Runyan, para que le dediquen, al menos, la mitad de su tiempo de prácticas, y para que se deleiten en su habilidad de usar el *wedge* y el *putter* para ganar y confundir a jugadores que son ostensiblemente mejores pegadores. Quiero que piensen en el hoyo como su objetivo cuando proceden a realizar su rutina en el juego corto.

Esto también es cierto para el *amateur* medio. Si alguien me trae un grupo de *handicaps* 25 seleccionados al azar, nos lleva a un campo de golf, y me dice que tengo una semana para lograr que sean menos de 20, lo primero que haría es confiscarles a todos ellos las maderas y los hierros largos, para guardarlos bajo llave en el cuarto de palos. Luego, pasaríamos la semana practicando el *chip*, el *putt* y el *pitch*. Haríamos competiciones alrededor del *green* de prácticas. No me preocuparía si emplean la técnica del *chip* de Paul Runyan o un método más normal. Alrededor del *green*, cualquier cosa que funcione, funciona.

Enseñaría a esos *amateurs* los mismos conceptos que enseño a los profesionales, con una excepción. La distancia de referencia de un profesional para intentar meter un golpe en el hoyo es de cien metros aproximadamente. A esa distancia, un profesional que juega desde un *lie* normal, generalmente tiene que ser capaz de tirar a bandera, incluso si está cerca de un obstáculo. Si no puede, debería plantearse otra línea de trabajo. Para el *amateur*, la distancia de referencia para usar el hoyo como objetivo podría ser de cuarenta o cincuenta metros de bandera. Y puede que haya momentos en los que la prudencia le dicte al *handicap* 25 que poner la bola en *green* con el *wedge* es más que suficiente. Supongamos por un momento que se enfrenta a un pequeño y delicado golpe de *pitch* por encima de un *bunker* a una bandera que está colocada justo pasado el *bunker.* Sigue teniendo un objetivo pequeño, si bien no será el hoyo. Quizá sea un lugar más cercano al centro del *green,* para asegurar que el golpe pasa el *bunker.*

Pero sospecho que mi grupo imaginario de *handicaps* 25 se quedaría impresionado de la frecuencia con la que jugarían el *chip* o el *pitch* hacia el hoyo como objetivo, y cuántos golpes empezarían a ahorrar haciendo eso, y practicando.

Desafortunadamente, hay jugadores que no quieren oír esto. Quieren creer que el golf consiste únicamente en pegar los golpes de salida más largos, o en aprender a hacer un *draw* seguro con el hierro 4. Se rebelan frente a este hecho constatado:

Mientras las reglas sigan premiando el meter la bola en el hoyo en el menor número de golpes posible, el golf consistirá en jugar bien los *wedges* y el *putter.*

Estos principios ya existían en la época de Paul Ranyan. En 1933, Gene Sarazen y algún otro profesional del circuito decidieron que se había enfatizado demasiado el juego corto, particularmente el *putt.* Querían rediseñar el golf en favor de los "pegadores". Por lo tanto, convencieron a los organizadores de algunos torneos de invierno en Florida para que aumentaran el diámetro del hoyo de 108 milímetros a 200 milímetros.

El primer torneo en el que se empleó el hoyo grande fue en el Florida Year-Round Open. La mayoría de jugadores empezaron a tirar los *putts* con agresividad. No funcionó. Sarazen hizo varios *greens* a tres *putts.* Runyan no hizo tres *putts* en ningún hoyo. Empleó su técnica habitual de *green,* y ganó con once golpes de ventaja.

Los partidarios del hoyo grande decidieron que había

sido una aberración. Establecieron otro gran torneo con el hoyo grande, esta vez en Tampa, y a *match-play*[2]. Los finalistas fueron Paul Runyan y William McFarlane, que era otro maestro del juego corto. Runyan ganó de nuevo.

El experimento con el hoyo grande acabó ese día. Demostró que no hay forma de dejar a un lado la importancia del juego corto.

Snead y Runyan lo demostraron de nuevo en el tercer hoyo de su partido en Shawnee. Empataron los dos primeros hoyos con par. El hoyo 3, un par cinco de 412 metros, era el primer hoyo donde se suponía que la superioridad de Snead haría acto de presencia. Este hoyo se extiende a lo largo del borde de la isla, rodeado por una banda de espesos matojos y protegido por *rough* por todas partes. Runyan salió con el *driver* y luego dio una madera 2, quedándose corto de *green*. Snead salió con el *driver* y luego dio un segundo golpe con un hierro, pero cerró ligeramente el golpe y no consiguió mantenerse en *green*. Runyan jugó un *pitch* de tercer golpe desde la calle y dejó la bola cerca de bandera. Snead, desde el espeso *rough*, no pudo dejarla cerca, aunque estaba más cerca del hoyo que Runyan. Falló el *birdie;* Runyan lo metió y Snead se puso uno abajo.

Esto quizá ayudó a que Runyan creyera en la teoría de la psicología del *match-play* que daba una ventaja al "contrario que juega el golpe impar". Según esta teoría, lo importante era ser el primero en tirar a *green:* el tercer golpe, o "el impar", jugando un partido de dos en un par cuatro normal. La idea era que, dejando la bola cerca, uno podía poner mayor presión sobre su contrario, especialmente si el contrario había comenzado a pensar de manera compla-

[2] Modalidad en la que un jugador compite contra otro hoyo por hoyo. No cuenta la suma total de golpes, sino el número de hoyos ganados. *(N. de los T.)*

ciente que iba a ganar el hoyo porque su salida había sido más larga.

Walter Hagen, recuerda Runyan, creía devotamente en esta teoría, e incluso había desarrollado algunos trucos para aprovecharse de ella. Por ejemplo, en un par cuatro corto, Hagen realizaría un salida análoga a un lanzamiento engañoso de *pitcher* en béisbol. Haría algo parecido a un *swing* entero, pero no le pegaría a la bola muy fuerte, para asegurarse que su *driver* es el más corto y ser el primero en jugar su segundo golpe. Luego, dejaría su *approach* cerca de bandera. El contrario, sorprendido por este aparente cambio de fortuna, se pondría tan tenso ante su *approach* que seguramente fallaría el golpe que de otra forma habría dado con facilidad. Así funciona más o menos la teoría.

No estoy seguro de la efectividad de esas estratagemas en el golf de hoy en día. Los profesionales del circuito muy rara vez participan en eventos de *match-play*, y cuando lo hacen, les aconsejo que empleen su juego habitual.

Pero sé que Paul Runyan pensaba que la superioridad en distancia desde el *tee* de salida de Snead le hacía vulnerable a la psicología de "jugar el impar". Ésa era la actitud correcta que había que tener. Su alternativa era creer en la lógica convencional de que la pegada de Snead le daba a éste una enorme ventaja. Si hubiera pensado así, habría abandonado cada *tee* silenciosamente, maldiciendo su suerte. Habría jugado peor. Los ganadores encuentran formas para pensar en las partes más fuertes de su juego, y creen que éstas prevalecerán.

Si quedaba alguna ligera duda en la mente de cualquiera de los jugadores sobre el poder del juego corto, el hoyo cinco se encargó de eliminarla. Al hoyo 5 de Shawnee le llamaban el hoyo del "medio golpe", un par tres de 97 metros con un *green* ligeramente cóncavo. Snead dejó su salida entre el hoyo y la de Runyan, el cual no había alcanzado el *green*. Runyan hizo un *chip* y la dejó a setenta y cinco centímetros del hoyo. Snead falló el *putt* de *birdie* que se deslizó pasado el hoyo y se paró entre la bola de Runyan y el hoyo. Runyan estaba interceptado.

Según las reglas de entonces, los jugadores no necesitaban marcar sus bolas en el *green* para dejar jugar a la persona que le tocaba, por estar más lejos del hoyo. Con una excepción, si las bolas estaban a menos de veintiocho centímetros una de la otra, o si cualquiera de las bolas estaba a menos de veintiocho centímetros del hoyo, la bola que estaba más cerca se marcaba y se levantaba. Las tarjetas de juego de aquel entonces tenían una regla de veintiocho centímetros para determinar la distancia. Pero si esta medida no le salvaba, el jugador con la bola más alejada se fastidiaba y tenía que jugar a continuación. Algunas veces, tenía un *putt* con caída que le permitiría esquivar la otra bola. Pero la mayoría de veces se perdía el hoyo por culpa de la interferencia. Esto le parecía injusto a mucha gente, y la regla cambió unos años más tarde.

Pero ésta era la situación a la que se enfrentaba Runyan. Las distancias se midieron. La bola de Snead estaba a treinta y ocho centímetros del hoyo, y la de Runyan a treinta y tres detrás de ella. Los dos *putts* eran planos y rectos. Parecía que Snead ganaría el hoyo e igualaría el partido.

Runyan no tenía elección. Cogió su hierro 9 y realizó un *chip* al hoyo. Su bola saltó limpiamente la de Snead, rodó a continuación, cogió el borde del hoyo y entró. En un momento, el hoyo que Snead pensaba que era suyo se había desvanecido y empatado.

Runyan sacó la bola del hoyo, y a continuación levantó la de Snead y se la lanzó, concediéndole el *putt*.

–No tengo ni idea de cuánto influyó eso en la psicología de

Snead –recalcó recientemente–. Pero seguro que no le ayudó.

Seguro que no. Lentamente, el partido a treinta y seis tomó un cariz diferenciado. Runyan se quedó enormemente satisfecho con sus resultados en los pares cinco. De los siete que él y Snead jugaron, Runyan ganó tres, todos con *birdie*, y empató el resto con pares. Se puso ocho arriba con un *birdie* en el hoyo 10, un par cinco de 425 metros, durante la vuelta de la tarde. El partido terminó cuando ambos jugadores empataron el siguiente hoyo, pues Runyan llevaba una ventaja insalvable, de ocho arriba y siete a jugar.

–Lo he visto y no puedo creerlo –dijo Snead en la ceremonia de entrega.

Debía habérselo creído. La importancia del juego corto tendría que grabarse en la mente de cada jugador.

AFORTUNADAMENTE PARA MÍ, Paul Runyan se consideró siempre y ante todo un profesor de golf. Casi medio siglo después de su triunfo sobre Snead, sigue enseñando en las escuelas de *Golf Digest*, que es adonde acudí para conocerle y aprender de él.

Es un modelo a seguir para cualquier golfista. A la edad de ochenta y siete años, se conserva activo y vigoroso. Da clases en un campo que está cerca de su casa en California. Y aún juega. Hizo 73 recientemente jugando con unos amigos: un 73, añadió él, sin la ayuda de ningún *putt* largo. Había apostado cinco dólares con uno de sus amigos a que bajaría de 70 por lo menos una vez antes de que acabara el año.

Todavía sigue entrenando su juego corto. Paul me ha contado que hace poco decidió que el *grip overlap*[3], que había

[3] Forma clásica de coger un palo de golf en la que el meñique de la mano derecha reposa entre el corazón y el índice de la mano izquierda. *(N. de los T.)*

estado utilizando alrededor de sesenta años, no era necesariamente el mejor para igualar la presión del *grip* de cada mano. Con ese *grip*, se colocan cuatro dedos de una mano en la varilla contra sólo tres de la otra. Con lo cual se dispuso a utilizar un *grip* de ocho dedos, que le proporciona un toque más firme. Estoy ansioso por averiguar las innovaciones que presentará a los noventa. Es increíble su afán por el golf y por la vida.

Ojalá pueda ser como él cuando sea mayor.

7.
Cómo Patsy Price bajó de 90

SI EL CAPÍTULO anterior nos ha dado una idea de la importancia del juego corto en el caso de un jugador como Paul Runyan, ahora comprenderemos que para los jugadores de *handicap* superior a 20 el juego corto es aún más esencial.

Si un buen jugador como Paul Runyan, que cogía muchos *greens*, creía que podía sacar diez golpes de ventaja en cada torneo a jugadores del nivel de Sam Snead y Byron Nelson, ¿qué valor puede tener un buen juego corto para golfistas que terminan sus vueltas con resultados superiores a 90?

En la mayoría de los casos, el suficiente como para hacerles rondar los 80 golpes.

Las estadísticas no engañan. Un jugador que ronda los 90 generalmente no coge más de uno o dos *greens* por vuelta. Eso significa que, en dieciséis o diecisiete hoyos, se encontrará ante un *chip* o *pitch* a *green*.

Generalmente, la mayoría de *handicaps* altos rara vez hacen *approach* y *putt;* y algunas veces dan cuatro golpes, porque van a *bunker* o hacen un "salto de rana" con el *chip*. Si aprendieran a hacer *approach* y *putt* tan sólo una de cada tres veces, se ahorrarían los suficientes golpes por vuelta para bajar de 90 de vez en cuando.

Y mejorar el juego corto no requiere ningún cambio complicado en el *swing;* simplemente, mantener unos cuantos principios, una actitud adecuada y una práctica continuada.

He visto a muchos jugadores demostrar lo anterior. Un ejemplo reciente lo constituye Patsy Price, una californiana que se puso en contacto conmigo vía Internet después de leer *El golf no es el juego de la perfección.*

Patsy empezó a jugar de mayor, cuando comenzaba a salir con su marido, Dave, un jugador de *handicap* 7. Una de sus primeras citas con él tuvo lugar en un campo de prácticas.

Patsy sabe lo que quiere. Cuando vio a Dave caminando hacia el campo de prácticas, con un cubo de bolas en la mano, le preguntó: "¿dónde está el mío?". Y el chico volvió atrás para traerle uno a ella.

Dave le dio un hierro 5, y comenzó a hacer *swings*. De todas las bolas que tiró, dio una perfecta, lo suficiente para engancharse.

Patsy siempre había sido muy deportista; el *softball*[1] era su especialidad. En el golf, encontró un deporte en el que incluso una persona de su altura –mide un metro cincuenta y cinco– podía enviar una bola casi fuera de su vista. Y esto fue lo que le animó.

Patsy es ingeniera de profesión, y su aproximación al juego tuvo el sello que caracteriza a un ingeniero. Quería comprender los mecanismos del *swing* de golf: de dónde procedía el efecto de palanca y la fuerza. Quería atizar la bola.

Ésta no es una actitud criticable para un principiante. Los

[1] Versión femenina del béisbol, en donde se emplea una pelota más grande y menos pesada. *(N. de los T.)*

estudios han demostrado que, en la mayoría de los deportes, es un error enseñar a un principiante a trabajar mucho para tener puntería. Es mejor hacerle trabajar en busca de velocidad. Pero es muy típico que a las niñas pequeñas se les enseñe a lanzar con exactitud y a los niños pequeños a lanzar con fuerza. Y es de aquí de donde sale la expresión "lanzas como una niña".

Más tarde, durante el desarrollo del deportista, es posible enseñar a alguien que ha aprendido a lanzar fuerte, o a hacer el *swing* con dureza, a que lo haga con más control. Pero es casi imposible enseñar velocidad cuando el alumno ha aprendido a lanzar o a hacer el *swing* con control.

Afortunadamente, Patsy no tuvo paciencia con los profesores que le alentaban y le decían que pensara en cosas simples como el ritmo, y en conceptos claros como "abre la puerta, cierra la puerta". Concretamente, le molestaban los profesores que no la tomaban en serio por ser mujer.

Estuvo buscando hasta que encontró profesores que respondían claramente cuando les pedía que describieran con detalle cosas como la acción de las muñecas a través de la zona de impacto. Su profesor actual emplea cintas de vídeo y ordenadores para analizar al detalle el *swing* de sus alumnos.

Y Patsy trabajó su juego con ahínco. Desarrolló un *swing* fuerte, sólido y fluido, y aprendió a sacarle distancia a la bola desde el *tee*, tanta como la que alcanzan muchas mujeres profesionales. En menos de dos años, sus resultados rondaban los 90.

Se casó con Dave y montaron una cancha de golf. Tienen un *green* y una red de prácticas en el salón para mantener los músculos ocupados durante el invierno.

Patsy tenía grandes sueños para ser una golfista que había empezado a jugar a los treinta años. Quería alcanzar un *handicap* de un solo dígito. Quería llegar a participar en el California State Amateur.

Su progreso se detuvo hace pocos años, cuando tuvo un bebé. Dejó de jugar durante tres años. Cuando empezó de nuevo, encontró que tenía algunos malos hábitos adquiridos durante el embarazo. Tendía a bajar el palo por fuera y a hacer *slice*.

Continuó trabajando su *swing*, pero sus resultados no mejoraban con la práctica, tal y como le sucedió cuando empezó a jugar. Se quedó estancada con *handicap* 20, y durante un período de tiempo largo y frustrante, no pudo bajarlo.

La causa principal radicaba en que Patsy se había propuesto mejorar su *swing* para poder competir en un nivel más alto. Es fantástico tener objetivos a largo plazo y el compromiso de trabajar para lograrlos. Es fabuloso intentar mejorar el *swing*.

Pero algunas veces, los golfistas se olvidan de que el objetivo del juego no es tener un gran *swing*, sino meter la bola en el hoyo.

En competición, los resultados son más importantes que la forma de hacer el *swing*. Y Patsy tendía a no practicar con los palos con los que se logran resultados, particularmente los *wedges*. Disfrutaba con los golpes de salida porque era un problema de mecánica, y le encantaba el *putt* porque era un ejercicio intelectual desafiante. Pero no ponía el mismo entusiasmo en el juego corto.

El año pasado, jugando una vuelta el día de su cumpleaños, demostró lo mucho que sus resultados podían mejorar. Para celebrar la ocasión, Dave la invitó a un *resort* llamado Tan-Tar-A, en las montañas de Ozark, donde existe un campo difícil diseñado por Pete Dye, llamado Oaks.

Cuando llegaron, sólo pudieron jugar nueve hoyos. Jugaron desde barras azules[2], cosa que Patsy hace habitualmente. Le gusta competir con los hombres, y piensa que desde allí puede divisar todo el campo de golf.

Hizo 50 en los nueve hoyos.

Al día siguiente, jugaron con otra pareja. Patsy y la otra señora jugaron desde amarillas, el *tee* de *seniors.* Acabó con el resultado típico: 50 - 45 para un total de 95.

Esa tarde convenció a Dave para jugar otra vuelta. Esta vez, ella jugó desde rojas, desde los *tees* más adelantados. Y al final de los nueve hoyos, le preguntó a Dave lo que había hecho.

–Cincuenta –le dijo.

A medida que repasaba, él se dio cuenta de que había un error de cálculo. Realmente había hecho 47.

Pero Patsy se quedó lívida. Todo lo que ella sabía era que había hecho 50 en los primeros nueve hoyos desde el *tee* de atrás; 50 desde amarillas y 50 desde rojas, a pesar de que los nueve jugados desde rojas eran en total 450 metros más cortos que los jugados desde azules.

Le vino a la mente algo que había leído en *El golf no es el juego de la perfección.* Los resultados no dependen mucho de la distancia conseguida desde el *tee.* Dependen en gran parte de lo bien que se golpea a la bola dentro de los cien metros al hoyo. Y respecto a este punto, ella había estado jugando de forma muy descuidada.

Decidió intentar algunas de las cosas que yo recomendaba. Se centró únicamente en meter la bola en el hoyo cuando estaba alrededor del *green.* "Si no cogía *green*", me contó más tarde, "miraba la bandera y pensaba para mí, *este chip va a entrar.*"

[2] Véase nota 2 de la página 47. *(N. de los T.)*

Cuando se colocaba al *putt,* pensaba de la misma forma. Patsy tenía asumido que cada vez que jugaba un *putt* de más de doce metros, estaba en el territorio de los tres *putts.* Entonces optó por pensar en meter los largos, en vez de intentar acercarlos vagamente al hoyo.

Además, le ayudó el hecho de que cuando juega con Dave, él es quien lleva la cuenta. Si juega sola o con otros, lleva su propia cuenta, y trata a la tarjeta de juego como una base de datos. Anota el resultado de los golpes dados, los *greens* cogidos, la longitud del primer *putt*, etc. Si Dave le marca el resultado, deja de contar todo eso.

También le ayudó el hecho de pensar que había hecho 50 en los primeros nueve, por lo que no tenía ninguna probabilidad de bajar de noventa. Se olvidó del resultado y simplemente se dedicó a jugar, centrándose en cada golpe a medida que se presentaba, particularmente en los golpes cortos.

Acabó los nueve últimos con un 39. Cuando revisó la tarjeta y añadió el resultado de los primeros nueve, se dio cuenta de que no sólo había roto la barrera del 90, sino que la había hecho pedazos. Había hecho un 86.

Y para probar que no había sido una casualidad, hizo 86 la mañana siguiente.

Evidentemente, no todos los golfistas alcanzarán de forma inmediata los resultados que Patsy obtuvo cuando cambió su actitud hacia el juego corto. Mejorar no suele ser un proceso tan brusco.

Pero si una persona con *handicap* 20 como Patsy acude a mí, y me pide sólo un truco para bajar su *handicap,* le diría que hiciera lo mismo que ella: lograr entusiasmarse con el juego corto. Enamorarse del juego corto y jugar al golf con confianza está íntimamente ligado.

8.

Cómo Tim Simpson superó los *yips*

MUCHOS GOLFISTAS ME han contado que tienen *yips*, esa supuesta enfermedad que logra ablandar a hombres duros cuando se enfrentan a *putts* de un metro. Ha habido tantos, que a veces pienso que se podría dar trabajo en todas las tiendas de golf del país a jugadores que han conseguido perfeccionar el arte de golpear bien la bola, tanto como para poder entrar en el circuito, pero que nunca han conseguido superar el miedo al *putt*. Y de todos los jugadores que he intentado ayudar a superar dicha angustia, ninguno ha luchado más tenazmente que Tim Simpson.

La historia de Tim está llena de penas y alegrías que aún no han terminado.

De niño, Tim jugaba muy bien el *putt*. Empezó a jugar a los siete años, cuando su padre le regaló un *putter*. Batió récords en su época escolar y universitaria. Se desarrolló muy pronto, aunque se quedó bajito y rechoncho, y logró entrar en el circuito a los veintiún años.

Practicaba el juego corto con esmero. No importaba que lloviera, nevara o granizara. Tim estaba convencido de que podía ser el mejor jugador del mundo, y se preparaba para ello. No tenía miedo a ganar.

Pero en un momento dado, comenzó a perder confianza con el *putter*.

Tim cree reconocer en qué momento tomó forma su problema con el *putt*. Se encontraba jugando la última vuelta del *Players Championship* durante la primavera de 1978, su segundo año en el circuito. Ese día soplaba un fuerte viento, con ráfagas tan intensas que tiraban las bolsas de los jugadores. Tim tenía un *putt* de treinta centímetros en el hoyo 17; el viento le desequilibró cuando estaba golpeando la bola y lo falló.

Ese *putt* quedó grabado en la mente de Tim. Le supuso varios miles de dólares en un momento de su vida en el que luchaba por abrirse camino en el mundo profesional. Con ese golpe se dio cuenta de que su *putt* no estaba a la altura requerida para el circuito, y cayó en una espiral de pensamientos y hábitos negativos con el *putt*.

Tim siempre se había considerado un luchador. Su lema era que para superar los problemas había que trabajar duro y con determinación. Comenzó pasándose muchas horas en el *green* de prácticas; era siempre de los primeros en llegar los lunes al campo del torneo.

Decidió que necesitaba perfeccionar su golpe de *putt*. Su primera conclusión fue que, como se colocaba demasiado erguido, el viento le afectaba. Tim es un jugador muy robusto, pero desde entonces empezó a agacharse un poco en el *putt*.

El líder en ganancias del circuito durante esos años era Tom Watson. Tim había oído que Watson, al igual que Bobby Jones, se inclinaba por un golpe corto y seco de *putt*, como si se intentara clavar una chincheta en la parte posterior de la bola. Tim siempre había sido un jugador de *putt* que movía el palo con los hombros, y que poseía un largo y pausado movimiento. Pero en esa época, imitar el estilo de Tom Watson no parecía tan peligroso como ahora. Tim intentó cambiar para parecerse a Watson.

La búsqueda del movimiento perfecto le ocasionó volverse más rígido y cuidadoso en el *green*. Comenzó a notarse tembloroso, muy incómodo: todo lo contrario de lo que un deportista debiera notar antes de actuar. Eso le llevó a fallar más *putts*.

Y debido al tiempo y a la carga emotiva que estaba invirtiendo en su *putt*, su tolerancia ante los *putts* fallados se vio muy disminuida. Empezó a enfadarse casi cada vez que fallaba un *putt* de *birdie* de menos de cinco metros. El *putt* se convirtió en un asunto casi de vida o muerte. Vagaba por el campo recordándose a sí mismo que tenía que hacer eso y aquello, y que no podía fallar este *putt*. Y cada vez que fallaba, aumentaba su frustración y su enfado.

Lo irónico del caso era que la habilidad de Tim de *tee* a *green* se mantuvo, e incluso mejoró. Su confianza con todos los palos de la bolsa, a excepción del *putt*, seguía siendo elevada. Tim se convirtió en un jugador que se atrevía a trazar un hierro 3 entre dos *bunkers* y sobre un lago, dejando la bola muy cerca de una posición difícil de bandera. A continuación, permitía que el *putt* corto de *birdie* le asustara.

El hoyo prototipo en la mente de Tim Simpson era un par cuatro largo. Enviaba un *drive* con un ligero y controlado *draw* al centro de la calle, a unos 250 metros. Su contrario se encontraba a la derecha, en los árboles, y con el segundo golpe la dejaba corta y a la izquierda de *green*. Tim golpeaba un hierro 7 con *draw* dejando la bola a metro y medio del hoyo. El otro chico dejaba el *wedge* a diez metros del hoyo y metía el *putt*, mientras que Tim fallaba el suyo de metro y medio. Ambos habían hecho par, y Tim salía del *green* murmurando que de alguna forma ese resultado no era justo.

En resumen, su *putt* estaba amenazando con arruinarle. Le estaba consumiendo. Parecía como si se opusiera al deseo de ver cumplidos sus sueños. Algunas semanas eran mejores que otras, pero siempre notaba que su *putt* le acabaría traicionando. Era como intentar salvar un matrimonio con una mujer infiel; no podía relajarse.

Probó casi todas las curas de *putt* que pululan por el vestuario y los *greens* de prácticas del circuito, como los elixires mágicos que se vendían en las ferias de entonces. Se liaba con la colocación, con el golpe. Pensó en dejar la cabeza quieta, en acelerar la cabeza del *putter* en el momento del impacto, en retener el *follow-through.*

Tim habló con Jack Nicklaus, y éste le explicó que su método era quedarse encima de la bola hasta que sabía que la iba a meter. Entonces y sólo entonces Jack subía el palo. Pero eso no ayudó mucho a Tim, porque cuando se tomaba muy poco tiempo, o no se lo tomaba, o cuando miraba el objetivo y golpeaba, el *putt* le daba siempre buenos resultados.

Comenzó a sospechar que el problema estaba en su mente, y fue a ver a un psiquiatra. Realizó el test de Rorschach. El psiquiatra le dijo que era perfectamente normal.

Pero se sentía perdido y desanimado. En 1983, su amiga Carol Mann, del circuito de la LPGA, le sugirió que me pidiera ayuda, y empezamos a trabajar juntos.

UNA DE LAS primeras cosas que le dije fue ésta:

La enfermedad llamada *yips* no existe, excepto en nuestra mente.

Por un lado, se supone que los *yips* son una condición de los nervios debido al envejecimiento. Los problemas de Tim empezaron cuando tenía veintidós años; por lo que el envejecimiento no tenía nada que ver con ello.

Por otro, los estudios han fracasado en la búsqueda de un origen científico y neurológico que explique la premisa de que la edad nos roba cualquiera de las habilidades que lleva consigo el *putt*.

Pero hay muchos golfistas que nunca, de forma alguna, han perdido la actitud correcta en el *putt*. Prefieren creer que tienen *yips*. Y en efecto, Tim era uno de ellos.

Le dije que no era tan malo con el *putt* como él creía que era. Nadie que logra entrar en el circuito de la PGA y permanecer en él tiene un mal juego de *putt*. Algunos son mejores que otros, pero nadie es malo. El *putt* es justamente un componente muy importante en un resultado.

Tim pensó que tenía un juego de *putt* malo por varias razones. En primer lugar, manejaba muy bien el *wedge*, lo suficiente para saber que hacía *approach* y *putt* cada vez que no cogía un *green*. Si se dejaba un *putt* de casi dos metros para par y lo fallaba, le echaba antes la culpa al *putt* que al hierro con el que había fallado el golpe a *green*.

En segundo lugar, Tim cogía muchos *greens* porque verdaderamente era muy bueno con las maderas y los hierros. Eso le daba muchos *putts* de *birdie* de dos a cuatro metros y medio. No hay nadie que los meta todos. Pero Tim se desesperaba cuando fallaba.

Es un engaño natural de percepción. Si uno está dándole mal a la bola, generalmente vuelve a la casa club pensando que en el *putt* no estuvo tan mal, y que quizá le salvó de una mala vuelta. Si uno está dándole bien a la bola, probablemente se centrará en el *putt* como si se tratara de la única cosa existente entre él y un resultado de 62. Con frecuencia, Tim acababa con un 69 ó un 68, pero descontento porque pensaba que debería haber hecho un 64 ó un 65.

La consecuencia de todo eso era que se ponía más presión a sí mismo a la hora de jugar el *putt*.

Intenté que Tim viera el problema de los *yips* no como algo que le había sucedido, como un virus que había entrado en su sistema, sino como una función de su propia mente. Dicha función no le dominaba, sino que podía controlarla.

Le dije que tenía que ser paciente. Golpeaba la bola lo suficientemente bien como para no tener que embocar tantos *putts* como otros jugadores. Todo lo que tenía que hacer era conectar un par de buenos *putts* por vuelta para permanecer en activo en la mayoría de los torneos.

Pensé que necesitaba perfeccionar el truco de trabajar menos su *putt*. Su análisis detallado y profundo, las largas horas de práctica, y el esfuerzo para dominar un golpe perfecto estaban dañando su actitud, en vez de ayudarle. Intentaba con demasiado ahínco controlar todo lo que sucedía en el *green*. Tenía que comprender la paradoja de que en golf, para adquirir cierto control de lo que ocurre, un jugador tiene que abandonar la idea de que puede controlarlo todo.

Una día, en el *green* de prácticas del New England Classic, Tim me contaba lo mal que estaba jugando el *putt,* y lo descontento que estaba con lo que le había explicado. Mientras tanto, embocaba *putts* de tres metros.

Puse un pie frente a su *putt*, le detuve y le remarqué lo bien que hacía rodar la bola cuando no pensaba en ello, cuando estaba pensando en todo lo que me quería explicar.

Le dije que al día siguiente intentara meterse de nuevo en el mismo estado de vacío mental cuando estuviera en *green*. Quería que simplificase la rutina: leer el *green*, colocarse, echar una mirada al objetivo y dar el golpe; y si lo fallaba, sin importar por dónde, que la embocara y continuara. Todo lo que podía hacer ante cualquier *putt* era calmar su mente, centrarse en su objetivo, seguir su rutina y hacerla rodar. Entonces, podría aceptar lo que ocurriese. Eso era todo lo que tenía que intentar.

Le dije que, si quería pensar en el *putt,* debería considerarse un buen jugador de *putt*, que piensa sólo en meter *putts*. Sus continuas quejas sobre el *putt* se habían convertido en parte de su problema.

Tim lo intentó. No fue una cura instantánea, pero fue un punto de partida. Jugó mejor el *putt* durante el resto del torneo.

Cuando exploraba este nuevo enfoque del *putt*, Tim empezó a sentirlo cada vez más natural. Habló con algunos de los mejores maestros del *putt* del circuito, y descubrió que sólo unos pocos pasaban tanto tiempo como él practicándolo. Eso le ayudó a reducir la práctica del *putt*. Algunos días, llegaba al campo, calentaba, y no daba más que unos cuantos *putts* de práctica para reconocer la velocidad de los *greens.* Luego se iba a jugar.

Jugaba con la predisposición de que lo mejor que podía ocurrir en un *putt* determinado era que lo metiera, y lo peor que lo fallara. Ni lo mejor era tan increíble, ni lo peor era tan malo. Dejó de forzar los *putt*s para meterlos, y empezó a dejar que se metieran con naturalidad.

En breve, su actitud hacia el *putt* se volvió más parecida a la que tenía para el juego largo. Con los hierros largos, había sido siempre un jugador que miraba el objetivo, le daba a la bola, llegaba a ella y la volvía a dar. Gracias a la fe ciega que tenía en su habilidad para dar el siguiente golpe, fallar ya no le importaba. Cuando comenzó a pensar de esa forma en el *green,* su *putt* mejoró, y consecuentemente sus resultados.

En 1989, quedó sexto en la lista de ganancias. En 1990, el octavo. En aquellos años, no se encontraba cerca de la cima de las estadísticas de *putt* de la PGA, acabando sexagésimo cada vez. Pero metió muchos *putts.*

Cualquier golfista que se considere un mal jugador de *putt* sin remedio puede aprender de la experiencia de Tim. No hay duda de que algunos jugadores tienen un don natural para el *putt* más grande que otros. Pero, después de todo, ¿cuánto de físico tiene el *putt?*, ¿cuánto cuesta hacer rodar una bola por el *green?*

Al *putt*, quizá más que a cualquier otro golpe, le afecta la actitud, la forma de pensar del jugador, su confianza. Y nadie está dotado por naturaleza de una mala actitud.

Ésta es provocada por una decisión personal de los golfistas. Contrariamente, podrían escoger desarrollar una actitud positiva sobre ello. Cuando Tim lo hizo, ganó mucho dinero y varios torneos.

Recuerdo lo excitado que estaba cuando ganó el New Orleans en 1989, y se clasificó para el Masters. Recuerdo lo orgulloso que se sentía cuando ganó dos años seguidos el torneo de Disney en 1989 y 1990, obteniendo trofeos idénticos para sus hijos, Christopher y Katie.

Se había convertido en uno de los mejores jugadores del mundo.

PERO EL CAMINO hacia la cima no es precisamente fácil. No hay ninguna garantía de permanecer en lo alto. En abril de 1991, Tim no pasó el corte en el Masters, y aceptó la invitación de unos amigos para ir a cazar pavos a los bosques de Georgia. Pasó la noche en un refugio de cazadores, y a media noche se despertó cubierto de garrapatas. Seguramente, días antes, algún cazador se había ido a la cama con la ropa de caza puesta y había infectado la cama.

En menos de tres días, Tim sintió como si tuviera gripe; peor aún, sus manos temblaban. Todo le parecía indiferente, no tenía energía.

Acudió a su fisioterapeuta y se hizo un análisis de sangre. Dio negativo. Los síntomas perduraban, aunque variaban de intensidad. Algunas veces le atacaba un dolor de artritis. Otras parecía estar de nuevo casi bien.

Raramente tenía suficiente energía para practicar. Siguió jugando el circuito, pero no era el jugador que había sido en 1989 y 1990. Le afectó no entrar en el equipo de la Ryder Cup de 1991.

Tim visitó más doctores. En 1992, le diagnosticaron un virus que le causaba artritis y cojera imprevisiblemente. Hizo una cura de antibióticos e inyecciones de cortisona. El año pasado, un doctor le dijo que tenía el virus de Epstein-Barr.

Fuera cual fuera el diagnóstico, su golf continuó sufriendo. Después de la temporada de 1994, perdió la tarjeta del circuito. En 1995, jugó el Circuito Nike.

Esperaba que fuera un año de rehabilitación, después del cual se reengancharía al circuito de la PGA. Pero no llegó a estar dentro de los diez primeros de la lista de ganancias de Nike, y no logró uno de los puestos disponibles en el circuito clasificatorio.

No había nada que yo pudiera hacer con relación a los problemas físicos de Tim. Sin embargo, me preocupaban los efectos de su enfermedad en su actitud.

Algunas veces, trabajando con deportistas universitarios, he visto casos en los que un chico se rompe un tobillo, no puede jugar y sus notas se desploman.

Lógicamente, uno esperaría lo contrario. Libre de obligaciones para practicar varias horas al día, un chico tendría más tiempo para estudiar, y sus notas deberían subir.

Pero resulta que la mente de un deportista no trabaja de esa forma. Cuando un deportista se lesiona, su cabeza y su energía mental tienden a centrarse en la cura, algunas veces a expensas de todo lo demás.

Me parecía que la enfermedad de Tim le afectaba de esa

forma. Durante los años en los que jugó muy bien al golf, el compromiso de Tim para convertirse en el mejor era constante y le consumía. Cuando le sugería algo que creía que le ayudaría, Tim estaba listo para hacerlo, siempre que tuviera sentido para él.

Tras la aparición de su enfermedad, pensé que, en su situación, debía tener cuidado para no aumentar sus problemas de salud. Pensé que debía dejar de mascar tabaco, beber café y lograr estar en las mejores condiciones físicas posibles. Ahora es mayor, y tiene que modificar algunos malos hábitos que podría haber cambiado cuando rondaba los veinte.

Me contó que el temblor de sus manos se volvió menor cuando probó el *putt* escoba, aquel cuyo extremo se apoya en el pecho. Le sugerí que lo emplease en competición. Pero Tim no quería hacer eso. Decía que nadie metía muchos *putts* con ese *putt*. Yo le respondía que había visto a Bruce Lietzke y a Brett Ogle ganar con el *putt* escoba. Además, la bola no sabe nada sobre la longitud de la varilla del palo que la golpea.

Durante mucho tiempo, Tim y yo estuvimos dando muchas vueltas sobre cómo debía responder a su enfermedad. Cuando le sugería cambios en su estilo de vida, se lo tomaba como un engaño por mi parte para negar la realidad de los síntomas.

Nunca dudé de la realidad de su enfermedad. Pero creo que la gente debe hacer todo lo posible para ser responsable personalmente de su salud y éxito. No podía asegurarle que los cambios en su dieta y hábitos le hicieran sentirse bien y jugar mejor. Pero sentí que valía la pena intentarlo. Él podría averiguar si le ayudaban con sólo probarlos.

Tim había logrado alcanzar la cima aplicando sus deseos al problema con su *putt*. La fuerza del deseo ha sido la máquina propulsora de todos los grandes deportistas que he dirigido, de todas las grandes personas que he conocido. Creo que el éxito lo provoca uno mismo, incluso cuando hay momentos en la vida en los que es fácil pensar que es imposible.

La enfermedad de Tim apareció en ese momento. Intentó practicar y afilar sus habilidades, pero su cuerpo se cansaba. Comenzó diciéndose que el esfuerzo no valía la pena. Pero es en ese momento cuando una persona averigua lo mucho que desea algo.

Algunas veces, los jugadores que han estado en la cima y han visto que la tierra que pisan se resquebraja, no piensan en la posibilidad de empezar todo de nuevo. No quieren enfrentarse otra vez al intenso esfuerzo, al trabajo duro y al sacrificio al que una vez se acostumbraron.

Toda persona atraviesa períodos en los que hace muchas cosas bien –practicar eficazmente, pensar correctamente–, y no logra resultados tangibles de inmediato. Es en este punto donde la gente con éxito pone a prueba las fuerzas de la fe, de la paciencia, de la constancia y de la voluntad. La fe es la capacidad de creer sin ninguna prueba palpable.

ME HUBIERA GUSTADO acabar este capítulo con la historia de un gran torneo que Tim hubiera jugado como paso para incorporarse de nuevo al circuito, pero no puedo. Todavía no lo ha hecho.

No obstante, recientemente he visto indicios de que su viejo compromiso surge de nuevo. Ha decidido jugar con el *putt* escoba. Está mejorando su condición física. No logró pasar las pruebas clasificatorias de la PGA del pasado otoño, pero me dijo que no fue por culpa del *putt*. Estaba un poco fuera de *swing* esa semana.

Pensé que era una buena señal. Tim no echaba la culpa de

sus problemas al *putt*. Y sabe que su *swing* volverá. Su forma de pensar me recuerda al año 1989.

Ahora, cuando Tim y yo hablamos, lo hacemos sobre la única alternativa que tiene, que es decidir que ama el reto de superar su enfermedad. Le comento que he visto muchos jugadores azotados por alguna lesión o enfermedad. Y dos son los resultados posibles: le puede hacer o más fuerte o más débil. Tiene que creer que a largo plazo, su enfermedad le hará ser un jugador mejor porque le endurecerá mental y emocionalmente.

Más que nunca, debido a su enfermedad, Tim necesita volver a las cosas que hacía bien antes de enfermar. Tiene que dedicar un rato cada tarde a visualizar la gran vuelta que va a jugar al día siguiente. Tiene que volver a confiar en sí mismo.

Tiene que creer que no hay nada que él pueda hacer por su enfermedad, aparte de los tratamientos que los médicos le prescriben. Pero todavía puede controlar su pensamiento. Puede plantearse que su enfermedad le va a enseñar mucho sobre él mismo y sobre su carácter. Puede decidir que, pase lo que pase, estará muy orgulloso de sí mismo cuando todo esto termine.

Si puede hacer esto, entonces la enfermedad realmente no le vencerá. Ninguna enfermedad, ni ninguna lesión podrán abatir al golfista que honestamente pueda decirse a sí mismo que hizo todo lo que tenía en sus manos para superarla.

9.

Cómo Byron Nelson ganó once torneos consecutivos

DE VEZ EN cuando, algún periodista deportivo menciona mi papel en la preparación mental de un jugador para ganar un torneo. Con frecuencia, el periodista dará a entender que hay algo nuevo o misterioso en lo que enseño. Agradezco la búsqueda de material nuevo del periodista, pero nada puede estar más lejos de la verdad. Yo enseño los principios que siempre han sabido y practicado los grandes jugadores.

Esto lo sé porque, cuando hablo con los grandes golfistas del pasado, lo deduzco de sus historias.

De todos los récords en la larga historia del golf, los dos más impresionantes son el *Grand Slam*[1] en 1930 de Bobby Jones, y las once victorias seguidas de Byron Nelson en 1945. Desafortunadamente, Jones no está para hablarnos de lo que le pasó por la mente en 1930. Pero Byron puede ha-

[1] Conjunto de los cuatro torneos más importantes del mundo: el Masters de Augusta, el Abierto de Estados Unidos, el Abierto Británico y el PGA. *(N. de los T.)*

blar de su ristra de triunfos de 1945, y si se le pregunta, nos lo contará.

No hace mucho tiempo, tuve la oportunidad de visitarle en el Rancho Fairway, su casa de Tejas. De todos los grandes jugadores de su época, Byron es uno de los que me llama la atención por ser el más feliz, porque conoce la satisfacción de compartir y dar. Se da a sí mismo y comparte lo que ha aprendido, y siempre es consciente de la obligación de devolver algo al juego. El día que hablamos acababa de celebrar un *pro-am* para recaudar fondos destinados a becas de golf con su nombre para la Universidad Cristiana de Abilene. Pretende que la dotación en becas ascienda a un millón de dólares, lo que será suficiente para autofinanciarse. También es un anfitrión muy activo y visible en el Byron Nelson Classic de cada primavera en Dallas. Y saca tiempo para atender el Masters, la Ryder Cup y otros grandes eventos cada año, a pesar de tener ochenta y tres años. Sabe que su presencia en un torneo simboliza la continuidad del golf y las mejores tradiciones, aunque no es ni mucho menos pretencioso para expresarlo de esta manera.

Yo sabía que la racha de Nelson se basaba en una mente golfista enormemente efectiva. Y sabía que quizá el torneo más arduo de los once que ganó aquel verano fue el Torneo de la PGA en Moraine Country Club en Dayton, Ohio.

En aquellos días, el PGA era un evento *match-play*, pero empezaba con un torneo de treinta y seis hoyos clasificatorios. Byron empató la vuelta *medal* clasificatoria con Johnny Revolta con 138 golpes. No tenía que clasificar, pero jugó porque había un premio en metálico para la mejor vuelta. Le correspondieron 125 dólares, con los que esperaba poder comprar algunos acres más de terreno que fueron componiendo el Rancho Fairway. Seguidamente, se disputaban cinco vueltas *match-play,* cada una a treinta y seis hoyos. Byron eliminó a Gene Sarazen, Mike Turnesa, Denny Shute y Claude Harmon hasta llegar a la final, donde se encontró con Sam Byrd, un antiguo jugador de béisbol de los *yankees* de Nueva York, que cambió de deporte y se convirtió en un excelente profesional de golf. Al final del torneo, Byron había jugado 204 hoyos, el equivalente a casi tres torneos normales. Iba 37 bajo par.

Todo esto sucedió bajo el húmedo calor de agosto y con el agravante de una espalda dolorida. Cada noche se daba calor, un masaje y un tratamiento de osteoporosis. "Fue el torneo más duro de todos lo que gané", decía.

El hoyo clave del último *match*, recalcaba Byron, fue el nueve.

El hoyo nueve de Moraine es un par cuatro de 375 metros. Tanto en la vuelta de la mañana como en la de la tarde, Byron tiró a bandera, que estaba situada al fondo y a la derecha. En ambas ocasiones, se pasó mucho y se enfrentó a un *chip* difícil y en bajada desde el *rough*, mientras que Byrd dejó su *approach* a menos de tres metros en ambas ocasiones. Byron no pudo parar la bola en las dos ocasiones, y de tres se quedó más lejos que Byrd, que estaba de dos.

En ambas ocasiones, Byron metió los *putts*, mientras que un Byrd nervioso falló los suyos.

–Metí aquellos *putts* porque pude ver la línea que tenían que seguir para entrar –decía Byron.

Eso captó mi atención. ¿Visualizaba Byron Nelson sus golpes en 1945?

–Podía visualizar el vuelo de mi bola del mismo modo que tú podrías dibujar una línea –replicó.

Le pedí que lo detallara.

Byron contó que podía hallarse caminando por la calle, teniendo que jugar un hierro hacia una bandera larga y a la derecha, protegida por un *bunker*.

A pesar de que el vuelo de su bola habitual tenía efecto de

draw, no intentaba hacerlo por encima del *bunker* y hacia la bandera. "Con la práctica había aprendido a hacer *fade*", dijo, "únicamente pensaba en ello, y –curiosamente– mi cuerpo lo conseguía hacer".

–En mis comienzos –explicaba Byron– pensaba mucho en los mecanismos. Intentaba aprender una nueva forma de hacer el *swing,* porque las varillas de acero acababan de ser introducidas. Pensé que para hacer el *swing* con aquellos palos era necesario iniciar el *backswing* directamente hacia atrás, girar, usar los pies y las piernas, evitando la pronación y llevar el palo hacia dentro, que era lo que se hacía con las varillas de madera.

"Mi primer trabajo como *pro* lo desempeñé en Texarkana, Texas, en 1933. La gente no empezaba a jugar hasta después de comer. Por lo que tenía la mañana entera para practicar. No había mucho más que hacer.

"No tenía a nadie que me recogiera las bolas, y tampoco hubiera podido pagar, puesto que no ganaba mucho dinero. Entonces tiraba unos cuantos hierros 3 y 8, o lo que fuera, y luego cogía un palo corto y tiraba de vuelta. Por aquel entonces pensaba mucho en los mecanismos.

"Pero descubrí que a medida que mejoraba mi juego, allá por 1936, había practicado y trabajado tanto, que era como si me sentara a la mesa y me comiera un trozo de carne. Uno corta los trozos de carne con el cuchillo y el tenedor, y no piensa en cómo hay que cortarla o llevársela a la boca; no más de lo que uno haría para ponerse los zapatos y atárselos. Eso es automático. Y sentí que así era mi juego. Automático.

"Pienso que ésa es la razón por la que jugué tan bien: porque confiaba en mi *swing* –concluyó.

Le pregunté si tenía lo que hoy en día llamaríamos la rutina que precede al golpe.

–Siempre he pensado que no tenía una imaginación muy creativa –dijo Byron–. Pero ahora echo una mirada retrospectiva sobre mi forma de jugar, y sí que tenía una imaginación creativa. Por entonces, el golf era muy diferente. Un campo de golf podía tener dos o tres *greens* realmente duros, dos realmente blandos y otras eventualidades. Se jugaba la vuelta de entrenamiento para aprender esas cosas. Luego, durante la vuelta de competición, cuando uno se dirigía hacia la bola, visualizaba y se concentraba.

"Buscaba un objetivo alejado: un árbol, una casa, un granero, un mástil o quizá un *bunker* lejano al que no podía llegar. Lo miraba, y subía el palo en sentido contrario. Y luego, cuando bajaba el palo hacia la bola, me aseguraba de que el dorso de la mano izquierda fuese directo al objetivo.

–¿Era ése su único pensamiento sobre el *swing*?

–Oh, sí –replicó–. Básicamente era éste. En los golpes cortos, me decía a mí mismo: que era como el juego de los niños, de tratar de lanzar monedas a una línea. Miraba el objetivo, y nunca,me decía a mí mismo *"Haz sólo tres cuartos de swing"*. Miraba al objetivo y confiaba en la sensación.

Desde el momento en que sintió que había logrado el *swing,* hasta el momento en que alcanzó la cima como jugador, hubo dos cosas más que Byron tuvo que aprender sobre la parte mental del juego.

Una tenía que ver con la aceptación.

–Si todos los buenos jugadores dijeran la verdad, reconocerían que, cuando eran jóvenes y estaban aprendiendo a jugar, se volvían locos cuando fallaban golpes, repito, *locos.* Bob Jones tenía una terrible reputación de pequeño: tiraba los palos y decía incorrecciones. Yo no era partidario de tirar los palos, aunque no negaré que alguna vez lo hiciera. Me enfadaba, repentinamente, aunque no le ponía mala cara a los demás.

Pregunté cómo había aprendido a librarse de la rabia.

–Cuando era un *pro* en Texarkana, había un hombre mayor llamado J. J. Wadley que había aprendido a jugar al golf con Jim Barnes, el campeón de la PGA de 1916. Era un hombre adinerado, y yo le gustaba porque era un buen baptista que no fumaba ni blasfemaba. Se trataba de un buen jugador para su edad, y tan sólo dándome ejemplo conseguía hacerme sentir avergonzado en algunas ocasiones.

"Y luego, cuando fui a trabajar como asistente para George Jacobus en el Ridgewood Country Club en Nueva Jersey, todavía tenía algún problema, y él me decía, «Byron, cuando estés jugando, procura no enfadarte ni volverte loco. No permitas que el enfado dure hasta el siguiente golpe.»

Y además, tomó el consejo de sus padres.

–Mi padre y mi madre me ayudaron muchísimo. No jugaban al golf. No sabían nada de golf. Pero podían intuir que estaba enfadado cuando volvía a casa después de jugar una mala vuelta. Yo no ponía mala cara, pero ellos notaban mi enfado. Luego hablábamos al respecto, y me decían: "Tendrás que aprender a superarlo".

"Creía en mis padres. Eran unos seres maravillosos. Eran muy inteligentes. Y también creía en la Biblia, que decía: «no dejes que el sol se ponga sobre tu ira». No significa que no puedas enfadarte, sino que no te ampares en ello.

"Se trataba de un proceso para irme educando gradualmente.

Después de aprender a controlar su temperamento, dijo Byron, se sentía como si estuviera navegando sobre el campo de golf. Sentía como si estuviera conduciendo su coche a 60 millas por hora por una carretera amplia. Se encontraba cómodo y controlando la situación, incluso cuando la adrenalina bullía.

De vez en cuando fallaba golpes, pero se dio cuenta de que los demás también lo hacían. La clave era aceptar el hecho y olvidarse de los fallos.

–Sigo pensando que los jugadores consistentes son aquellos que olvidan lo sucedido –dijo–. Lo que cuenta es el siguiente golpe, y no el que acaba de pasar. Veo a jugadores realmente buenos que cuando fallan un golpe se quedan quietos en la calle moviendo el palo hacia atrás y hacia delante, tratando de imaginarse lo que han hecho mal. Eso es un error.

Tenía un aspecto más que añadir a su juego mental antes de que empezara su racha de victorias. A finales de 1944, Byron empezó a ser considerado un buen jugador, pero quería mejorar. Hizo inventario después de aquella temporada, y encontró que sus errores tendían a dividirse en dos categorías: en *chips* mediocres y en golpes alocados. Por ejemplo, podía fallar un *putt* por no seguir su rutina. Entonces, en 1945, decidió practicar más duramente el juego corto y asegurarse de que su mente estuviera completamente centrada en cada golpe. El resultado fue una cadena de éxitos.

Byron me dijo que, en 1945, estaba tan inmerso en el proceso de efectuar buenos golpes, que nunca sabía lo que había hecho hasta acabar la vuelta. Parecía como si jugara en trance.

–Acababa de jugar y repasaba el resultado de la tarjeta hoyo por hoyo, con mucho cuidado, para descubrir cuántos golpes había hecho. Nunca sabía si iba cinco bajo par o tres sobre par. No lo retenía en mi mente consciente –dijo–. Nunca sabía el puesto en el que me encontraba en un torneo.

Esa máxima concentración se mantuvo, añadió, durante los dos primeros torneos de 1946. Uno de ellos, el Abierto de Los Ángeles, era un semi-grande en aquellos días, y Byron siempre lo había querido ganar. Cuando lo consiguió, completándolo con otro triunfo en San Francisco la semana siguiente, se dio cuenta de que había cumplido todas sus metas. Había ganado todos los torneos importantes que había que ganar. Y había amasado el dinero suficiente para comprar el rancho que siempre había soñado. Siguió jugando hasta finales de 1946, principalmente porque tenía contrato con MacGregor. Pero el estado de cuasi-trance que le había guiado durante su racha de triunfos había desaparecido. Después se retiró de la competición.

Estaba claro que Byron había captado, gracias a la experiencia y a algunos profesores, prácticamente todos los fundamentos de la psicología del golf que actualmente pregono. Había aprendido a confiar en su *swing* y a no pensar en los mecanismos cuando jugaba; a visualizar los golpes; a valorar la importancia del juego corto; a confiar en su toque alrededor de los *greens;* a aceptar el destino de cada golpe, y a eliminar la rabia y la frustración. Había aprendido a permanecer en el presente y a no preocuparse de los resultados.

Sólo una cosa me seguía inquietando. Por aquel entonces, Byron había publicado un par de libros sobre la enseñanza del golf. Ambos estaban llenos de fotografías y de textos acerca de los mecanismos del *swing,* pero ninguno de los dos recogía los aspectos mentales del juego que obviamente le habían ayudado a alcanzar la cima. ¿Por qué?

–Ah –dijo él, riéndose casi tímidamente–. La gente no hablaba de esas cosas en aquella época.

10.

Cómo Bill Shean se preparó para el campeonato del club de Pine Valley

No HAY MUCHA gente que piense que un avión es un buen lugar para practicar el golf. Pero es ahí donde un antiguo cliente mío, Bill Shean, hizo un gran trabajo a fin de prepararse para el Campeonato del Club de Pine Valley.

Conocí a Bill hace unos ocho años, cuando ya era un jugador *amateur* consolidado.

Bill empezó a jugar a la antigua usanza, como *caddie* del Hinsdale Golf Club, en su localidad de Illinois, cuando tenía trece años. Durante su primer fin de semana de trabajo, ganó ocho dólares. El lunes era el día permitido para que los *caddies* jugaran; y utilizando unos palos antiguos de su padre, Bill jugó y perdió doce dólares ese mismo lunes. Decidió que lo mejor que podía hacer era aprender algo sobre el juego, y hacerlo rápido.

Tras lo cual, entró en una librería y adquirió un ejemplar en rústica del libro *Power Golf* de Ben Hogan. Bill era un buen deportista, que cogía el tranquillo a cualquier juego que probaba, y en menos de un año, y con su *swing* adquirido sin ayuda alguna, ya conseguía resultados inferiores a 80 golpes. Era bajito y flaco y buscaba sin cesar maneras de compensar su falta de pegada. Aún hoy, coloca el *tee* muy alto, porque una vez leyó en una revista un consejo de Arnold Palmer, que sugería que ésta era una forma de conseguir diez metros más.

Jugó al golf en el equipo del colegio, pero no era de los que ya están enfocados hacia el circuito profesional, recibiendo muchas clases, siguiendo el programa *junior* de la USGA , y con una beca para la universidad. Bill accedió a la Universidad de Michigan mediante una Beca de Evans, proporcionada por una fundación de ayuda a antiguos *caddies*. Cuando se licenció, entró en el negocio de los seguros. Se convirtió en un verdadero jugador *amateur,* alternando su pasión por el juego con las exigencias de su trabajo, su familia cada vez más numerosa, y su parroquia, donde hacía de tesorero. Apenas cogía un palo desde octubre a abril, pero su juego iba mejorando lenta y constantemente. Jugaba bien en los torneos de su club, y consiguió un gran número de trofeos.

Pero nunca había conseguido subir de nivel, al nivel nacional. Intentó clasificarse para el U.S. Amateur, pero sin éxito. Un tiempo después, decidió que parte de su problema era psicológico. Con su *swing* de *caddie*, nunca se sintió integrado en la competición nacional. "Antes de empezar la competición", decía Bill, "ya estaba derrotado".

Hace unos ocho años, Bill leyó algo que yo había escrito en *Golf Digest* y me telefoneó. Le invité a visitarme en Charlottesville. Hablamos, como habitualmente hago con los nuevos clientes, y me contó lo que pensaba de sí mismo y del juego.

Le llevé al campo de prácticas del Farmington Country Club, y le di un hierro 5. Le pedí que visualizara un gran efecto de *slice* y que luego se colocara ante la bola y lo efectuara. Así lo hizo. Luego le pedí que visualizara un *draw*. Lo hizo, y lo puso en práctica. Entonces, le pedí un ligero y controlado *fade*. Finalmente, le pedí una bola recta. Pasó con éxito todas mis pruebas.

–Tu habilidad es buena –le comenté–. Golpeas la bola tan bien como cualquier *amateur* con el que haya trabajado. Simplemente tienes que creértelo.

Algunas personas, cuando me oyen decir este tipo de cosas, sospechan que les estoy "haciendo la pelota". Y no lo hago. Soy honesto con la gente. Si empiezo con un jugador con un *swing* terrible que desea bajar de 70 golpes, le digo que necesita dar clases de *swing*. Pero, habitualmente, los jugadores que vienen a verme son casos parecidos al de Bill, cuyas habilidades físicas son más que suficientes para sus aspiraciones. Sin embargo, cuando les digo lo mismo que a Bill, recibo una reacción de escepticismo. Es intrigante que la gente esté dispuesta a creer a un profesor de *swing* que les diga que todos sus movimientos son incorrectos, y que les cueste mucho creer a quien les diga que sus movimientos son correctos, pero no su juego mental.

No obstante, Bill mantenía una actitud receptiva, por lo que hablamos largo tiempo acerca de dos cosas: la rutina previa al golpe, y el plan de juego.

Al igual que la mayoría de buenos jugadores, Bill había trabajado duramente las cuestiones físicas de la rutina previa al golpe: el *grip,* la colocación, la postura y el alineamiento. Todas ellas son extremadamente importantes para conseguir golpear la bola consistentemente, y los profesionales con quienes trabajo habitualmente las revisan. Aunque lo hacen en su casa, frente al espejo, o en el campo de prácticas; en el campo de golf, pretenden acomodar su cuerpo sin mucho esfuerzo mental. Bill había alcanzado un nivel en el que podía hacer eso.

Sin embargo, jugadores menos agraciados tendrían que mantener una meticulosa y consciente atención al *grip,* la colocación, la postura y el alineamiento. Les tendrá cuenta.

Pero Bill apenas tenía noción de la parte mental de una rutina, y ésa es la parte que más me preocupa; más que el *grip,* la colocación, la postura y el alineamiento, una sólida y bien asentada rutina mental es la clave de la consistencia. Y nos pusimos a trabajar en ella. Antes de cada golpe, le pedí que se situara detrás de la bola, y analizara la situación: que asimilara la información sobre el *lie,* el viento, la distancia a cubrir, y cualquier cosa pertinente. Que escogiera el palo fiándose de su primera impresión; que seleccionara el objetivo; que visualizara el golpe que quería dar.

Descubrimos que Bill tiene una mente que visualiza el golpe rápidamente. Algunos jugadores tienen esa facultad, y pueden visualizar tan rápido como si encendieran el televisor. Otros jugadores, en cambio, no pueden hacerlo. No es ninguna desventaja, simplemente tienen que mirar al objetivo y creer que la bola se dirigirá allí.

Una vez que Bill tuviera la imagen del golpe en su mente, y que creyera en ella, le pedí que se colocara ante la bola sin demora, que mirase por última vez al objetivo, y que permitiera que el golpe tuviera lugar sin que ningún pensamiento acerca de los mecanismos del *swing* interfiriese su concentración en el objetivo: en resumen, que confiase en su *swing.*

Éstas son las bases de una buena rutina mental. Constituyen el proceso que un buen jugador se compromete a llevar a cabo en cada golpe.

Entonces hablamos acerca del plan de juego. Los jugadores deberían tener preparado un plan de juego para cada recorrido cuando estén en una competición. Un plan de juego analiza el campo hoyo por hoyo; establece el palo a utilizar en todos los *tees* de salida, y el objetivo al que apuntar; frecuentemente, establece la parte del *green* donde el jugador desea colocar su segundo golpe –o su primero en los pares tres–. Para los buenos jugadores, también se establece la distancia umbral en los pares cinco: si se encuentra dentro de ciertos márgenes de distancia, el jugador intentará alcanzar el *green* con dos golpes; si el golpe de salida se queda más corto que dicho margen, el plan le indicará que tire a quedarse corto para proporcionarse el mejor acceso posible al *green* con el tercer golpe.

Para formular el plan de juego, a menudo es de gran ayuda plantearse el hoyo desde el *green* hacia el *tee*, más que en el sentido opuesto. Esta perspectiva sugiere dónde se encuentran las posiciones de bandera más arriesgadas, y en cuáles de ellas es mejor apuntar al centro de *green.* Sugiere también el tipo de golpe y la distancia desde la cual se desea jugar el golpe a *green.* Y ello, a su vez, sugiere la óptima distancia y situación en la calle a alcanzar con el golpe de salida.

Por ejemplo, en un típico par cinco de 450 metros, el jugador de fin de semana decidirá que quiere jugar su tercer golpe desde una posición plana en la calle, a unos 90 metros del *green*, que es la distancia habitual con el *wedge.* ¿Cómo negociar los otros 360 metros? Puede ser que el diseñador del campo haya situado obstáculos que influyan en la decisión. Manteniendo constantes el resto de factores, ¿es la mejor estrategia golpear un *driver* de 220 metros y luego dejarse 140 metros para el segundo golpe? ¿O sería mejor golpear una madera 3 desde el *tee*, de unos 190 metros, y luego una madera 4 de 170 metros?

Depende del jugador. Lo importante es pensar todo esto con el tiempo suficiente, mientras se elabora el plan de juego.

Obviamente, el plan de juego considera los puntos fuertes de cada jugador. Por ejemplo, Bill está convencido de que el *driver* es el palo más seguro y derecho de su bolsa, con lo cual espera utilizarlo a menudo. Para otros jugadores, un plan de juego inteligente consistiría en ignorar el *driver* y salir con la madera 3 ó un hierro en ciertos pares cuatro y pares cinco. En especial, los hoyos cortos y estrechos requerirán un golpe de salida con un palo menos. ¿Por qué escoger el *driver* en un par cuatro de 280 metros que está rodeado de árboles, agua o arena? Una madera 3 ó un hierro 3 conseguirán mantener la bola en calle con mayor frecuencia, y aun proporcionarán un cómodo segundo golpe al *green*.

A veces, los jugadores confunden un plan de juego conservador con una falta de confianza en su *swing*. Por el contrario, un plan de juego conservador está pensado para fortalecer la confianza del jugador en cada *swing;* para empezar, elimina el proceso de decisión en el momento más caldeado. Una vez en el campo, el jugador tiene la sensación de que simplemente está llevando a cabo un plan que ya sabe que está pensado para proporcionarle el mejor resultado; sabe que cada golpe del plan entra dentro de sus capacidades, y eso elimina muchas dudas potenciales.

Con una estrategia conservadora, unida a un *swing* arrogante, se consiguen resultados bajos. La osadía, unida a un *swing* dubitativo, es la fórmula para el desastre.

Es obvio que un plan de juego tiene que contemplar cierta flexibilidad. No se puede escoger el palo en ciertos pares tres hasta saber de dónde viene el viento, y con qué fuerza. No se puede alcanzar la misma distancia cuando el tiempo es frío y húmedo, que cuando es seco y soleado. De hecho, el jugador debe tener preparados un Plan B y un Plan C para distintas condiciones meteorológicas. Pero tiene que haber un plan.

Bill Shean escuchó atentamente mis palabras y regresó a

su casa de Illinois. Pasado un tiempo, me contó los resultados. Durante las primeras diez o doce vueltas que jugó, mantuvo una gran disciplina. Siguió a pies juntillas su rutina previa al golpe. Se ciñó a su plan de juego. Y sus resultados fueron buenos: inferiores al estándar del campo en cada una de las vueltas.

Sin embargo, descubrió algo más. Normalmente, Bill es un compañero de juego agradable y despreocupado. Si juega con invitados, le gusta cerciorarse de que lo estén pasando bien. Y cuando quedaba inmerso en su rutina previa al golpe y en su plan de juego, sentía que no podía atenderles. Se tornó callado y desinteresado. Dijo que tenía la sensación de que estaba trabajando. Decidió que aún no estaba preparado para el compromiso que yo le pedía. Y abandonó del todo lo que habíamos estado hablando.

Esto ocurre de vez en cuando, y comprendo que suceda. Hay muchos tipos de caracteres. Brad Faxon y Lee Treviño pueden ser sociables y al mismo tiempo mantener la concentración; en realidad, su sociabilidad les ayuda; bromear con el público entre golpe y golpe les relaja. El cese de las bromas marca exactamente el inicio de la rutina previa al golpe. Pero otros, como Ben Hogan, tienen que permanecer callados y reflexivos toda la vuelta.

También existen distintas situaciones. Yo no tengo la misma actitud mental una tarde soleada del domingo, junto a mi mujer e hija, que durante una vuelta de competición. Los equipos de fútbol americano no mantienen la misma intensidad en un partido de exhibición en agosto, que durante la Super Bowl.

Recomiendo a los *amateurs* que seleccionen unas cuantas semanas cada año como sus semanas de competición. Pueden ser las semanas en las que se juega el campeonato del club, u otra competición. Durante los días previos a dichas pruebas, necesitan encontrar una forma –ya sea a través de un torneo de preclasificación o de algunas vueltas de práctica tomadas en serio– de recuperar el hábito de introducirse en el proceso y en el plan de juego. El resto del año pueden jugar de modo informal. No obstante, los *amateurs* serios deben comprender que, en las competiciones de altos vuelos, se enfrentarán a gente que no jugará de modo informal, que intentará buscar la disciplina competitiva cada vez que pise el campo. Estas personas partirán con ventaja.

Bill comprendió todo esto. En ese momento, cercano a los cincuenta años, deseaba tomarse el golf de modo informal. Y a mí me pareció bien.

APROXIMADAMENTE EN LA misma época en la que nos conocimos, Bill fue invitado por un amigo de Illinois llamado Jay Berwanger (sí, el mismo Jay Berwanger que ganó el primer Trofeo Heisman allá en 1936), para jugar unas cuantas vueltas en el Club de Golf de Pine Valley, en Clementon, Nueva Jersey.

Pine Valley no es tanto un club de socios, como un retiro para los jugadores. El ambiente es casi monástico, con la excepción de que, en este claustro, los servicios tienen lugar en el exterior, en el campo de golf. No hay ni piscina ni pistas de tenis. La casa club es un edificio de dos plantas sin ninguna pretensión, con cortinas de un solo color verde, mobiliario de madera sin tratar, y un cartel cerca de la puerta de entrada que prohíbe el *Mulligan* en el *tee* del hoyo 10. No es la clase de club que organizaría una fiesta nocturna, por cincuenta y cinco dólares la pareja.

El campo que acompaña a toda esta sencillez es ampliamente reconocido como la prueba más exigente de golf en todo el mundo. Fue diseñado y construido, con alguna ayuda del arquitecto británico H. S. Colt, por el hombre de negocios y ávido golfista *amateur* George A. Crump. En 1912,

Crump decidió que los jugadores de la zona de Filadelfia necesitaban un nuevo club, con un campo que pudiera estar abierto y jugable un par de meses más que el resto de campos de los alrededores, un campo que constituyera un desafío y pudiera depurar sus cualidades para la competición estatal. Crump encontró un amplio terreno descubierto, entre los eriales de pinos del sur de Nueva Jersey, utilizado como vía de tren desde Filadelfia. El suelo era arenoso y se secaba rápidamente, lo cual facilitaría el juego como él quería. Había muchos desniveles, y pantanos y lagos para poder hacer obstáculos de agua. Era un escenario perfecto para construir un campo de golf.

Además, Crump tenía las ideas muy claras. Quería hoyos de todo tipo: un par de pares cuatro de *drive* y *pitch*, un par de largos y heroicos pares cuatro, *doglegs* hacia la izquierda y hacia la derecha, hoyos en todas las direcciones respecto al viento predominante, hoyos con *greens* en alto y hoyos con *greens* en valles, un par tres muy corto y otro largo e implacable, en subida, en el que habría que darlo todo. Quería algunos *tees* de salida abiertos, desde los que se vieran todos los obstáculos, y algunos *tees* de salida ciegos, en los que el jugador sólo ve una hectárea de arena, arbustos juníperos, y monte bajo de pinos, y apunta hacia un árbol en el horizonte, y confía en que existe una calle en algún lugar más allá del *forecaddie*[1].

Sobre todo, Crump buscaba un campo intransigente. Cada golpe de salida en Pine Valley primero tiene que atravesar una extensión de agua o arena de cien a ciento noventa metros. De hecho, hay tanta arena en el campo que el club no se preocupa de los rastrillos; tendría que haber demasiados. Los jugadores simplemente aplanan las chuletas de *bunker*

[1] Persona contratada por el club que se coloca normalmente a la caída del *drive* de los hoyos complicados para marcar las bolas. *(N. de los T.)*

y dejan allí sus pisadas. Las calles, aterciopeladas, son razonablemente generosas, y hay muy poco *rough.* Pero no ir a parar a la hierba es como entrar en una prisión siberiana; la recuperación es casi con seguridad difícil, desagradabe y costosa. Muchos de los hoyos de Pine Valley tienen una forma parecida a la de una botella, con la bandera en la parte superior; cuanto más se acerca uno al *green*, más estrecho se torna.

Con el paso del tiempo, los árboles han ido creciendo, y el campo se ha vuelto aún más difícil. Su índice de dificultad, desde los *tees* de campeonato, es de 153[2]. De vez en cuando, durante la competición anual de la Copa Crump, algunos invitados con *handicap* uno o dos no consiguen bajar de 100 golpes.

A Bill Shean le gustó Pine Valley nada más verlo. Era un desafío. Pensó que era un campo para jugadores, y no para altos ejecutivos. Cuando fue invitado a ser socio, lo aceptó.

Casi todos los años se reservaba unos días para volar hasta allí y jugar la President's Cup, el campeonato *medal play* anual para los socios. Pero aunque jugó bien en varias ocasiones, nunca logró ganar. La President's Cup de 1995 no parecía que fuese a cambiar la situación. Los negocios de Bill le habían mantenido más ocupado de lo habitual. No había tenido el tiempo que deseaba para poner a punto sus habilidades físicas.

Entonces decidió que tenía que compensar su falta de entrenamiento con su juego mental. En el vuelo de Chicago a Filadelfia, sacó una libreta y una almohadilla amarilla. Y se

[2] Es un índice de dificultad muy elevada dentro del Sistema *Slope;* sistema empleado ya en EE. UU. y, probablemente, de pronta implantación en España para evaluar la dificultad de cada campo. Este sistema tiene en cuenta la longitud de los hoyos, la anchura de las calles, la posición de los obstáculos de agua y de los *bunkers,* los fuera de límites, los vientos predominantes, y la rapidez de los *greens* para adjudicarle a cada campo su índice de dificultad. Con este sistema el *handicap* de cada jugador se adaptará a cada campo en base a ese índice. Con el Sistema *Slope* el CONGU desaparecerá. *(N. de los T.)*

comprometió a efectuar una sólida rutina mental previa al golpe, y un plan de juego.

Cogió la libreta y escribió su rutina mental:

"1. Disfrutar mientras juego. Concentrarme en cada golpe."

Éste era un recordatorio general.

"2. Observar."

Con esto, pretendía incluir el revisar el *lie*, el viento, la distancia, la hoja de posiciones de bandera, y el resto de cosas relevantes.

"3. Objetivo. Palo. Tipo de golpe."

Escogería un objetivo, luego un palo, y decidiría cómo dar el golpe: alto o bajo, *fade*, *draw* o recto.

"4. Visualizarlo."

Debería visualizar el golpe, verlo salir hacia el aire, y aterrizar. Desde distancias cortas con el hierro, debería imaginar la bola entrando en el hoyo.

"5. Notarlo."

Debería visualizar el *swing*. Algunas veces efectuaría un *swing* de ensayo, y otras no. Pero no daría un golpe hasta sentir que el *swing* adecuado estaba en su interior.

"6. Confiar. Comprometerme. Dejar que ocurra. Eliminar la responsabilidad de lo que ocurra después."

Intentaría eliminar los pensamientos acerca de los mecanismos del *swing*, y confiaría en su habilidad. Jugaría con decisión. Se colocaría ante la bola y la golpearía sin demora. Y nunca se culparía de un mal golpe.

La rutina mental de Bill era sólida. Contenía muchas claves que le permitirían tener más decisión al jugar.

Para reforzar aún más su compromiso, Bill decidió llevar un resultado privado, en paralelo. Desde luego, apuntaría los golpes reales que había dado. Pero después de cada hoyo, también apuntaría el número de golpes que había dado siguiendo al pie de la letra su rutina. Por ejemplo, podría hacer cuatro en un par tres. Pero si había seguido bien su rutina, apuntaría "4-4" en la tarjeta, y se pondría una nota de 100 por cien. O podría hacer el par, pero habiendo perdido la concentración en su primer *putt*. Entonces anotaría "2-3", y se pondría una nota de únicamente 67 por ciento para el hoyo. Se prometió que la nota del hoyo sería el único resultado del que llevaría la cuenta, el único que le preocuparía.

Éste no es un sistema que utilizarían muchos de los profesionales del circuito con quienes trabajo. Trabajan duro para seguir sus procedimientos, y el anotar números adicionales únicamente les distraería. Pero hay gente muy organizada y estructurada para la que esto sí daría resultado. Bill es uno de ellos. Es cuestión de gustos personales.

Luego, en su almohadilla amarilla, Bill anotó un plan para cada hoyo. Primero estableció algunas decisiones generales. Por ejemplo, no planeó hacer un efecto de *draw* desde ninguna salida. Su golpe natural es un *fade*, y no se sentía con la confianza, en base a lo poco que había entrenado, de hacer efecto de derecha a izquierda con la bola. Siempre que se encontrase en problemas, escogería un camino seguro y conservador para regresar a la calle, incluso si tenía que tirar hacia atrás. Por ejemplo, hay un pequeño y desagradable *bunker* en forma de cazuela, frente al *green* del hoyo diez, un par tres, que los socios, cuando juegan con foráneos, denominan la Apertura del Diablo. Una bola que vaya a parar a la Apertura del Diablo, generalmente quedará en reposo en un *lie* en bajada. El golfista se encuentra con un *swing* encogido, debido a las paredes del *bunker*. Tiene que sobrepasar un talud de tres metros. Y no hay alivio hacia atrás, pues entre el *tee* de salida y el *bunker* no hay nada más que arena y matorrales. Bill decidió que si la enviaba a la Apertura del Diablo, simplemente declararía la bola injugable, colocaría otra en el *tee*, y jugaría su tercer golpe. Sabía que el peor obstáculo en Pine Valley era el pánico. Y planeó cómo evitarlo.

A continuación expongo su plan en cada hoyo, y cómo lo llevó a cabo durante su primera vuelta:

Hoyo 1, un par cuatro de 384 metros.

Este es un *dogleg* a la derecha, pero la primera anotación de Bill fue "enviar el *driver* al centro". Como habitualmente juega con *fade* sus golpes desde el *tee,* existe la tentación de intentar acortar apuntando hacia la esquina. Anteriormente, se había dado cuenta de que este tipo de osadía provoca problemas, un resultado abultado en el hoyo inicial, y una sensación de tener que recuperar que dura toda la vuelta. Con lo cual, prefirió un golpe conservador y la envió al centro de la calle.

El *green* está rodeado de arbustos menudos, arena y árboles. Decidió jugar al centro del mismo, sin considerar la posición de la bandera. Golpeó su hierro 6 sin total convicción, dejando la bola al borde del *green*, corto y a la derecha. Jugó el *pitch* siguiente con algo de debilidad, pero embocó un *putt* de cuatro metros para salvar el par.

Hoyo 2, par cuatro de 330 metros.

Es estrecho y totalmente recto, y es uno de los hoyos más largos de 330 metros del mundo, debido a que el *green* se halla situado en una elevación, muy por encima de la calle, y está protegido por un collar de *bunkers.* Bill planeó apuntar con su *driver* a una rama de árbol detrás de la parte izquierda del *green,* y efectuar un *fade* que centrara la bola en la calle. Y así lo hizo. Quiso dejar su segundo golpe a *green* por debajo de la bandera, y lo consiguió, clavando un hierro 7 a tres metros. Embocó el *putt*.

Hoyo 3, par tres de 163 metros.

Al igual que en el resto de pares tres de Pine Valley (a excepción de uno), el *green* es como una isla, rodeado de calamidades. Bill supuso que la bandera estaría colocada en la parte posterior del *green* durante el torneo, y su mayor preocupación era asegurarse de no pasarse o enviar la bola a la izquierda intentando dejar cerca la bola. Prefirió golpear al centro del *green,* y dejarse un *putt* en subida. Lo hizo, y consiguió su par.

Hoyo 4, par cuatro de 400 metros.

Este hoyo presenta un golpe de salida ciego, sobre una vasta extensión de arena y un promontorio, hacia la calle, que gira hacia la derecha y cae abruptamente. El segundo golpe puede tener un rango entre una madera y un hierro 7, en función del bote de la bola en la pendiente. Bill planeó golpear un golpe agresivo de izquierda a derecha, para conseguir 211 metros de vuelo y alcanzar la bajada. Ésa es la máxima distancia de que es capaz. Su *driver* fue a parar a los árboles de la derecha. Siguiendo con su plan, evitó un arriesgado golpe hacia el *green*, y efectuó un *chip* horizontal hacia la calle, dejándose un hierro largo hacia un *green* con la bandera al fondo y a la izquierda.

El plan de Bill preveía un golpe arriesgado con la bandera en ese lugar, pero su hierro 3 resultó demasiado palo, y la bola se voleó el *green*. Efectuó un *chip* de vuelta, dejando la bola cerca de bandera, y embocó el *putt* para *bogey*. En la segunda columna de su tarjeta, anotó un 3 sobre 5, considerando que se había precipitado en la salida, y que luego había errado mentalmente, escogiendo un hierro de más al tirar al *green*.

Hoyo 5, par tres de 209 metros.

Se trata de un par tres titánico, por encima de una hondonada y un lago, que luego se eleva bruscamente, con el *green* en el extremo de una pendiente. Todo golpe fallado por la parte derecha acaba, bien en un bosquecito de pinos, bien en una serie de peligrosos y enanos *bunkers* en la pendiente, que se asemejan a las branquias de un tiburón. Se trata de un hoyo donde muchos levantan la bola.

Bill planeó jugar el *driver,* apuntando a la escalera que conduce al *tee* del 6, situada detrás de la parte izquierda del *green,* para minimizar las posibilidades de fallarlo por la parte derecha. Si la bola no se abría y la enviaba a la izquierda, aún podría jugar un *chip* a bandera y mantener posibilidades de hacer par.

La dejó a cinco metros y medio, a la derecha de la bandera, y acabó con dos *putts.*

Hoyo 6, par cuatro de 349 metros.

Bill prefiere jugar este hoyo *dogleg* desde la parte más atrasada del *tee* de salida, porque así evita cualquier tentación de intentar acortar por el *dogleg,* tirando al centro para que se abra hacia la derecha. En lugar de eso, planeó apuntar con el *driver* a la izquierda de la calle con un golpe algo cortado, que le dejase un hierro medio, ligeramente en subida, hacia un *green* estrecho, con una pendiente considerable de derecha a izquierda.

Envió su *driver* más o menos donde quería, y jugó un perfecto hierro 6 que cogió la pendiente del *green* y rodó hacia el hoyo. Embocó el *putt* de tres metros para *birdie.* En su tarjeta, apuntó 3 de 3.

Hoyo 7, par cinco de 520 metros.

La calle en este hoyo tan largo se divide en dos islas de hierba, rodeadas de árboles y separadas entre sí por una extensión de arena. La segunda, llamada el "Medio Acre del Infierno", comienza a unos 270 metros del *tee* de salida, y se alarga otros 110 metros. Bill disponía de un plan A y un plan B, el primero para un día sin viento, y el segundo para contrarrestar el viento en contra. Con este viento, intentaría jugar un *driver* derecho y con potencia, para poder cruzar la arena con su segundo golpe. Por el contrario, sin viento, intentaría cortar el *driver,* que le daba mayor seguridad, para luego utilizar cualquier palo necesario para dejarse un *wedge* entero a *green* de tercer golpe.

Ese día no hubo viento, pero su plan se quebró en el golpe de salida. Más tarde reconoció que no había conseguido hacer un giro decidido de caderas y hombros. Envió la bola a la izquierda, hacia los árboles. Nuevamente jugó de forma conservadora su golpe de recuperación, haciendo un *chip* lateral de vuelta a la calle. En esa situación, muchos jugadores hubieran seleccionado una madera para avanzar lo máximo posible. Pero Bill se mantuvo dentro del plan, y jugó un hierro 3 que acabó a 110 metros –un *wedge* entero– de *green*. Dejó éste a once metros, y acabó con dos *putts* y un *bogey*. Se puso un 5 sobre 6.

Hoyo 8, par cuatro de 287 metros.

Se trata de un hoyo corto y delicado. El segundo golpe se juega obligatoriamente en bajada, hacia un *green* largo y ondulado que parece que descansa sobre un pedestal, con ambos lados biselados, y rodeado de arena y *rough*. Bill había visto una vez a un gran jugador, que había quedado segundo en el Amateur Británico, hacer doce golpes en este hoyo, enviando sus *chips* de un lado a otro del *green*. Su plan le obligaba a jugar al centro de *green*, sin importar la posición de la bandera. Así lo hizo, aunque se encontraba únicamente a 65 metros de *green*. Consiguió su par, y se fue satisfecho al hoyo siguiente.

Hoyo 9, par cuatro de 384 metros.

La salida desde el *tee* es engañosa, porque la calle parece más estrecha de lo que es en realidad. El plan de Bill preveía apuntar al centro derecha de la calle. El *green* está inclinado de izquierda a derecha, por lo que desde la parte izquierda de la calle es necesario un pronunciado *draw* para mantener la bola en él, cosa que Bill quería evitar. Desde el centro-derecha, fue capaz de dejar su hierro 6 por debajo del hoyo. Consiguió embocar su *birdie* desde cinco metros.

Se había vuelto a colocar uno bajo par, pero no lo sabía. En cambio, estaba concentrado en su propia cuenta particular. Era bastante buena, pero podía mejorarse en los segundos nueve hoyos.

Hoyo 10, par tres de 131 metros.

Un *green* pequeño, rodeado de problemas. Bill imaginó que la bandera estaría corta y a la derecha, amenazadoramente cercana al *bunker* denominado la Apertura del Diablo.

Decidió ignorar dicha posición y apuntar al centro de *green*. Así lo hizo, con un hierro 8, dejando la bola a cinco metros pasada del hoyo, y consiguiendo dos *putts*.

Hoyo 11, par cuatro de 353 metros.

Aunque este hoyo gira ligeramente a la derecha, Bill planeó jugar su *driver* tan recto como fuera posible, ya que los árboles de la izquierda desaconsejan jugar con *fade*. Desde el centro de la calle, quería dejar su hierro corto de bandera, para jugar su *putt* en subida. Cumplió su plan, y se anotó otro par.

Hoyo 12, par cuatro de 310 metros.

Este *dogleg* a la izquierda está considerado como el hoyo de *birdie* de Pine Valley, un hoyo pensado por George Crump para efectuar un golpe de *pitch* arrastrado. Pero al llegar a él, Bill descubrió que se había tornado más difícil por ser más corto. Se salía desde más adelante, reduciendo la distancia a unos 270 metros. Eso significaba que un buen *driver* permitiría utilizar medio *wedge*. Algunos jugadores habrían preferido salir con un hierro para dejarse un *wedge* entero, pero Bill confía mucho en su *driver*, y lo utilizó. Dejó su segundo golpe a once metros con el *sand wedge,* y acabó con dos *putts.* Al abandonar el *green,* se obligó a no distraerse con la idea de no haber logrado el *birdie,* porque le esperaban tres de los hoyos más exigentes del campo.

Hoyo 13, par cuatro de 403 metros.

Largo *dogleg* a la izquierda, con una especie de *green* en forma de isla, rodeado de árboles y de una extensión abierta de arena. Bill pensó en jugar este hoyo de forma agresiva, ya que casi nunca hace *hook*. El jugador que intente acortar apuntando a la izquierda y haga *hook*, puede encontrarse luego con un golpe injugable. Bill se anotó otro *driver* largo y derecho. El segundo golpe, al igual que el primero, está pensado para castigar severamente al que falle levemente por la izquierda. La estrategia más segura consiste en tirar corto y a la derecha de *green*, y desde allí intentar un *chip* y *putt*. Pero a Bill le quedaba únicamente un hierro 6 de segundo golpe, con una posición de la bola algo por encima de los pies.

Apuntó al centro de *green*, y permitió que el *lie* en pendiente hiciera girar la bola suavemente a la izquierda, hacia la bandera. Le quedó un *putt* de sólo cuatro metros, pero lo falló. Aun y así, se anotó un 4 sobre 4 en su cuenta particular.

Hoyo 14, par tres de 166 metros.

Los diseñadores de Pine Valley colocaron este *green* en el centro de un pantano, y el *tee* en una colina muy por encima de él. Rellenaron con tierra el agua de la parte posterior del *green*, plantaron árboles y lo convirtieron en una península. Sin embargo, es un hoyo sin margen de error, que puede arruinar toda una vuelta. El plan de Bill pretendía minimizar el efecto de las ráfagas de viento, que podrían enviar un buen golpe al agua. Golpeó un hierro 5 bajo y controlado al *green*, y acabó con dos *putts*.

Hoyo 15, par cinco de 532 metros.

Bill pensó en jugar este hoyo de forma conservadora. Es un hoyo largo, con el golpe de salida por encima del agua hacia una calle que se eleva poco a poco, se inclina de izquierda a derecha, y se estrecha considerablemente a medida que avanza. Sólo unos cuantos jugadores han conseguido alcanzar el *green* con dos golpes. Bill no tenía ninguna posibilidad, por lo que pensó detenidamente dónde deseaba enviar su segundo golpe. Cuanto más largo sea éste, más pronunciado será el *lie* para el tercer golpe. Decidió dejarse un golpe entre un hierro 4 y hierro 7 para llegar al *green*, pero con la ventaja de jugar en plano. Así lo hizo, y en su tercer golpe, ignoró la difícil posición de bandera, larga y a la derecha. Su *putt* de nueve metros se topó con el hoyo, y entró. Bill pensó que esto era una bonificación. Pero dichas bonificaciones a menudo les suceden a los jugadores que se ciñen a una estrategia conservadora, que les permite hacer el *swing* con confianza.

Hoyo 16, par cuatro de 390 metros.

Este hoyo pone a prueba la confianza que tiene un jugador en su *driver*. Se inclina a la derecha, pero la superficie de arena que empieza justo pasado el *tee* de salida se extiende hasta más de 180 metros por la parte derecha, donde empieza la calle, ocasionando problemas si el golpe es más corto.

Es posible apuntar más a la izquierda, por donde solamente hay que cruzar 155 metros, pero eso obliga a dar un segundo golpe mucho más largo, en bajada y hacia un *green* con el lago que entra en juego en los hoyos 14 y 15 pegado a su parte derecha.

Cuando iba en el avión, Bill había creído que el hoyo era perfecto para su fuerte *fade* desde la salida, y esperaba jugar desde un hierro 4 a un hierro 6 de segundo golpe. Pero después de su *birdie* del hoyo 15 estaba excitado, y empaló un *drive* muy largo, quedándole únicamente un hierro 9 para llegar al *green*. Dejó éste a tres metros, y embocó el *putt* para otro *birdie* consecutivo.

Hoyo 17, par cuatro de 304 metros.

Por vez primera, Bill no se ajustó a su plan de juego. Deseaba utilizar de nuevo el *driver,* para intentar cortarlo y trazar la forma de la calle. Pero los árboles estaban muy crecidos, y pensó que otro *driver* excepcionalmente largo podría salirse de la calle y alcanzarlos. En vista de lo cual, optó por utilizar la madera 3.

Éste es el único tipo de desviación del plan de juego que me gusta, un desvío por el lado conservador. El jugador que cambia a una estrategia más agresiva, habitualmente genera algunas dudas en su mente cuando está preparado para dar el golpe.

Bill envió su madera 3 al centro geométrico, pero se le quedó la bola en una chuleta. Tuvo que modificar su plan otra vez. Había pensado en jugar un hierro corto al inicio del *green,* para dejar la bola por debajo del hoyo, pero para asegurarse el sacarla de la chuleta, escogió el hierro 9 y envió la bola a cuatro metros y medio de bandera. Terminó con dos *putts.*

Hoyo 18, par cuatro de 385 metros.

El último *tee* de salida, muy elevado en relación a la calle, presenta una vista que puede llegar a intoxicar o a intimidar, según cómo haya ido la vuelta. La calle está rodeada de árboles, arena y matorrales. A lo lejos, puede verse el *green* sobre una meseta, más allá del camino, de un arroyo y de un grupo de *bunkers.* Es tentadora la idea de ir a darle fuerte desde el *tee,* pero el plan de Bill le recordó jugar de forma más elaborada. Quiso que la bola empezara volando hacia una estaca amarilla del obstáculo de agua que se veía a lo lejos, y que girara a la derecha, sin llegar a cruzar la calle, donde había unos cuantos *bunkers.* Le quedaría entonces un hierro medio por encima de la última extensión de arena, del camino, del arroyo, y de los *bunkers* de *green,* para alcanzar un *green* con mucha pendiente, tanto de izquierda a derecha, como desde la parte frontal hacia la posterior. Alcanzó la calle con su *drive,* y dejó su hierro 6 a seis metros por debajo del hoyo.

Mientras Bill se dirigía al *green*, se distrajo. Alguien situado cerca del *tee* del hoyo 1 comentaba que otro jugador había hecho 69. Bill comenzó a sumar su vuelta, y se dio cuenta de que, si metía el *putt*, acabaría con 66. El pensar en ello, y no en su rutina de *putt*, provocó que se quedara muy corto en el *putt* de *birdie*. Pero consiguió recomponerse y volver al presente, para acabar con 67 golpes.

Era, con mucho, la mejor vuelta que había realizado en Pine Valley. Pero no había sido perfecta, pues había ido a parar dos veces a los árboles. Había embocado algunos *putts* muy buenos, pero sólo uno de más de seis metros. Se trataba simplemente de una vuelta sólida en la que un buen plan de juego le había ayudado a mantener su rutina, a evitar el pánico, y a permitir que las partes fuertes de su juego salieran a flote.

Acabó el torneo con un 69 y un 73, y ganó con siete golpes de diferencia. Además, estableció dos récords nuevos, para los mejores treinta y seis y cincuenta y cuatro hoyos.

Más tarde reconocería que este torneo fue uno de los mejores recuerdos de su vida. Fue un fin de semana en el que todo el esfuerzo que había invertido en golf –mejorar su *swing* y su mente– tomó forma y dio sus frutos. Fue un fin de semana en el que se demostró a sí mismo que su compromiso con la familia, el trabajo y el deporte era compatible con la excelencia. Fue un fin de semana que le convenció de que lo mejor de su vida estaba aún por llegar.

Pero ninguna de dichas conclusiones rondaban su cabeza cuando abandonó el *green* del hoyo dieciocho esa mañana. Jason Lamp, ayudante de profesional, le preguntó cuántas había hecho.

–Ochenta y tres por ciento –contestó Bill.

Calculó que se había ajustado a su plan de juego y a su rutina en 56 de los 67 golpes. Tardó un rato en darse cuenta de que Lamp quería saber cuántos golpes había hecho.

11.

Cómo Billy Mayfair reconstruyó su confianza

BILLY MAYFAIR, GANADOR de más de un millón y medio de dólares en el circuito de la PGA de 1995, tiene una libreta donde apunta las ideas que surgen de las conversaciones que mantenemos a lo largo de una sesión. Esto es lo que escribió después de nuestra primera sesión en 1995, unas pocas horas antes de empezar el Phoenix Open:

"Disfruta de lo que estés haciendo. Diviértete."

Esto puede parecer una perogrullada. El golf es un juego. Se supone que es divertido, y cualquier niño lo sabe.

De hecho, Billy Mayfair lo sabía cuando era pequeño. Pero a las dos semanas de empezar la temporada de 1995, casi había olvidado ese detalle.

La temporada anterior no había sido buena para Billy. Bajó del puesto 30 al puesto 113 en la lista de ganancias. Después de enero, no consiguió acabar dentro de los diez primeros y falló muchos cortes.

En los dos primeros campeonatos de 1995, en Hawai y Tucson, hizo un 80 y un 79, y falló los dos cortes. Cuando nos citamos en el estudio de su nueva casa en Scottsdale, Billy se encontraba muy angustiado.

–Siento como si me aguantara por un hilo, Doc –me dijo cuando nos sentamos–. Creo que hoy voy a pasar vergüenza ahí fuera.

Nada más decir eso, las dudas y los temores de Billy se desbordaron como un torrente. Le preocupaba no volver a jugar bien nunca más, o si lo hacía durante unas cuantas vueltas, y conseguía acceder a los puestos de honor, temía que pudiera echar por tierra el liderato. Tenía una nueva esposa, un hogar nuevo, y tenía miedo de tener que abandonar el circuito.

Estaba muy ansioso por jugar en Phoenix, lugar donde creció. Tiempo atrás, cuando era considerado la gran promesa del estado de Arizona, se había sentido el dueño de Phoenix. Ahora le parecía que se había convertido en la ciudad de Phil Mickelson.

Evidentemente, todo esto se mencionó en una habitación que desmentía sus palabras, un cuarto lleno de trofeos de golf. Billy era un buen jugador. Yo lo sabía. El problema era que él se había olvidado de ello.

Me di cuenta de que no partiríamos hacia el campo seguidamente. Teníamos mucho trabajo por hacer antes de que Billy pudiera jugar un torneo de golf. Tenía que encontrar de nuevo su camino.

Para Billy, todo comenzó en la parte trasera del jardín de sus padres, cuando era un niño de corta edad. Recuerda a su padre poniéndole en sus manos un palo sin varilla, y enseñándole a golpear bolas de plástico en ese lugar del jardín.

De joven, practicó varios deportes, pero en las competiciones de natación sólo se ganaban medallas. Los golfistas ganaban trofeos, y a Billy le gustaban las copas. Estaba engatusado.

El siguiente paso lo constituyó un antiguo campo municipal en Phoenix, llamado Papago Park. Construido en el desierto, en la parte oeste de la ciudad y bajo unos acantilados de piedra roja, Papago era un campo difícil y recto, con un campo de prácticas y, más importante aún, con un *green* de prácticas grande, redondo y completo.

El *green* de prácticas se convirtió en el patio de Billy Mayfair. Cada día después del colegio, su madre le recogía y le llevaba a Papago Park. Se quedaba allí hasta que anochecía. Luego, de vuelta a casa, cenaba, hacía los deberes y se iba a dormir.

De lunes a viernes, Billy practicaba el *chip* y el *putt*. Eso era todo lo que hacía. Desde el *putting-green* podía divisar el campo de prácticas, y veía a los chicos de su edad practicando el *driver*. Si miraba hacia el sur, podía ver el *tee* del 1, donde seguramente habría chicos empezando la vuelta. Daba igual.

De lunes a viernes, Billy Mayfair estaba allí para practicar el *chip* y el *putt*. En parte era porque los Mayfair no tenían mucho dinero para gastárselo en *green-fees* y en bolas de práctica. Y en parte porque Billy sabía que el *chip* y el *putt* le harían ser un golfista mejor.

Había una chica en Papago Park que hacía lo mismo. Se llamaba Heather Farr, y cuando creció se convirtió en una estrella del circuito de la LPGA, antes de que su vida fuera trágicamente interrumpida por un cáncer de pecho.

No fue una coincidencia que los dos chicos que pasaban el tiempo en el *putting-green* fueran aquellos que saltaron a la fama en el mundo profesional. La habilidad con los *wedges* y con el *putter* es lo que separa a los que ganan dinero de los profesionales del circuito.

Los fines de semana, Billy tenía una rutina diferente. El profesor del campo, Arch Wadkins, dejaba que Billy recogiera bolas del campo de prácticas, y que las golpeara gratuitamente. Ahí fue donde aprendió su juego largo.

Billy empezó a competir a una temprana edad aprovechando las vacaciones escolares. Los Mayfair ahorraban de donde podían para financiar los gastos que suponía participar en torneos. Una vez, siendo quinceañero, Billy pasó el día de Navidad y el resto de las Navidades solo en la habitación de un hotel de Miami, porque no había más dinero para que otro miembro de la familia le acompañase mientras participaba en el campeonato del Orange Bowl.

No le importó mucho. Billy era un chico tímido, callado, que iba a remolque, y que nunca fue muy social. Sabía que deseaba participar en torneos, y hacía todo lo necesario para lograrlo.

Se fue al estado de Arizona, y allí empezó a ganar campeonatos nacionales. En 1986, ganó el U.S. Public Links y, en 1987 el Amateur de Estados Unidos. Fue el jugador universitario del año. Luego se convirtió en profesional.

Billy descubrió el significado de su historial *amateur* siendo ya profesional. Los jugadores del circuito de la PGA que se habían graduado en el estado de Arizona le avisaron de ello.

–Toma veinticinco centavos –le había dicho uno de ellos–. Ve y encuentra a alguien a quien le importe lo que hiciste como *amateur*.

Pero lo hizo bien en las pruebas clasificatorias, y conservó la tarjeta tras su primer año en 1989.

Cuando vi por primera vez a Billy, era un chico modesto que solía merodear por Papago Park, practicando el *chip* y el *putt*. No era un jugador que destacara en el campo de prácticas del circuito. Era reservado, hablaba poco y practicaba mucho. Y no salía por las noches.

Una de las grandes lecciones la aprendió inadvertidamente de Tom Kite durante su primer año. Tom ganó el Bay Hill ese año. Billy acabó muy atrás, en el montón. Billy acudió al siguiente torneo, al TPC en Sawgrass, y se fue al campo el lunes por la mañana.

Kite se encontraba en el campo de prácticas, a menos de dieciocho horas de su victoria en Bay Hill, practicando duramente su juego.

Billy decidió que había que imitar a Tom.

Al año siguiente, en 1990, empezó a recoger los frutos de su duro trabajo. Ganó casi setecientos mil dólares, más dinero del que había ganado en su segundo año un jugador en toda la historia de la PGA. Marcó una referencia en el circuito durante los siguientes cuatro años, ganando por primera vez en Milwaukee en 1993.

Pero en 1994, su comienzo fue pobre. El problema era que Billy intentaba perfeccionar su *swing* de golf.

No existe mayor falacia en golf que el viejo dicho de que a la perfección se llega con la práctica. No es verdad. El golf es un deporte jugado por seres humanos, y practiquen lo que practiquen siempre serán imperfectos. Cometerán errores.

Los deportistas que se convierten en perfeccionistas y autocríticos se meten en problemas.

Pueden volverse tensos y frustrarse cuando sus habilidades inevitablemente no consiguen ponerles a la altura de sus expectativas. Pueden empezar a dudar de sus facultades. Cuanto más practiquen, peor lo harán.

Eso fue lo que le ocurrió a Billy en 1994. Más aún, en su determinación para perfeccionar el *swing* de golf, comenzó a dejar a un lado la práctica del juego corto. Permanecía en el campo de prácticas tirando bolas hasta quedar derrotado. Durante el poco tiempo que le quedaba, golpeaba un par de *putts,* pero eso era todo. Se alejó del régimen de *chip* y *pitch* que le había llevado al éxito cuando era un chico.

ESTE PROBLEMA NO se podía remediar en las pocas horas de que disponíamos antes de la hora de salida de Billy en el Phoenix Open. Noté el candor y el coraje que Billy desprendía cuando me confesaba su temor. Muchos jugadores hubieran sido demasiado orgullosos para hacer eso. Yo sabía que tan pronto como reconociera sus problemas, tendría una oportunidad para resolverlos.

Pero en ese momento, no necesitaba una terapia a largo plazo. Necesitaba algo a lo que agarrarse, un pensamiento que le mantuviera a lo largo del día y de la semana. Necesitaba un rayo de esperanza.

Es en ese momento cuando le sugerí que decidiera divertirse.

El golf, después de todo, era el juego que siempre había amado. Lo había amado de pequeño, pasándose todas aquellas horas en el *putting-green* de Papago Park. Lo había amado tanto como para convertirlo desesperadamente en su carrera.

Tenía que redescubrir los placeres del juego: la textura y el olor de la hierba recién cortada en un día soleado, el click que hace la bola cuando se golpea con fuerza, los deleitosos largos segundos viendo un *drive* bien pegado surcando por el cielo, o un buen *putt* rodando hacia el hoyo. Tenía que disfrutar de la camaradería de la competición, y de los amigos que había hecho en el circuito.

De hecho, esto es lo que recomiendo a todos los jugadores que sufren una crisis de confianza. El primer paso debería ser el redescubrimiento de las alegrías del juego.

Un golfista que aprecia conscientemente los placeres esenciales del juego permanece al margen de los altibajos de la competición. No es tan terrible si hace malos resultados. Si hace buenos resultados, es fantástico. Pero no necesita hacer buenos resultados para disfrutar.

Billy salió a divertirse en el Phoenix Open. Y no por casualidad, empezó a jugar bien. Jugó tan bien, que casi gana. Empató con Vijay Singh y perdió el desempate.

Sin embargo, cuando me llamó aquel domingo por la noche no parecía un perdedor. Estaba eufórico. Había ganado el dinero suficiente para mantener su tarjeta. Más importante aún, se había probado a sí mismo que podía seguir jugando.

Ojalá pudiera acreditarme parte del éxito, pero la verdad es que incluso un jugador que piensa que su confianza está totalmente destrozada, o que su *swing* está totalmente liado, en realidad puede estar a un milímetro de su antiguo juego. Puede que sea literalmente un milímetro, si hablamos del plano del *swing*. O puede ser un milímetro figurado, si hablamos de la confianza. Billy no estaba tan lejos de volver a su juego como pensaba.

Y ojalá pudiese atribuirme parte del éxito respecto a la siguiente determinación que tomó para recuperar su juego, pero tampoco puedo. Billy fue a San Diego a las dos semanas de haber jugado el Phoenix Open. Le tocó jugar los dos primeros días con Peter Jacobsen, quien acababa de ganar el AT&T en Pebble Beach.

–No lo habías hecho así de bien en cinco años –le dijo Billy a Peter–. ¿Qué ha pasado?

–Nada mágico –replicó Jacobsen.

Se había dedicado a su juego corto durante los meses de invierno.

Yo, con frecuencia, le había mencionado a Billy la importancia del juego corto.

Él lo sabía desde su juventud. Pero lo mejor era escucharlo de alguien que acababa de ganar. Billy volvió a dedicar un tiempo para practicar el juego corto. En menos de dos meses comenzó a notar que había recuperado su juego corto.

Y el juego corto es generalmente una gran medicina para el golfista enfermizo.

Los mejores remedios que he encontrado contra un bache golfístisco son: conseguir ver las cosas con cierta perspectiva, centrarse en los aspectos positivos, esperar a que algo bueno suceda, y dedicar más tiempo al juego corto.

LA MEJORÍA FUE inmediata y notoria. Billy encontró que los días en los que su juego largo no era perfecto, un buen *chip* y un buen *putt* le ayudaban a hacer resultados decentes. Los días en los que su juego largo funcionaba, le ayudaba a rebajarlos. Billy considera que muchos de los pares cinco del circuito no puede alcanzarlos con dos golpes, lo que le deja muchos *pitches* de veinte o treinta metros. Y empezó a dejarlos lo suficientemente cerca como para hacer *birdies.*

Descubrió de nuevo que un buen juego corto elimina la presión del juego largo y del *putt.* Encontró que al fallar un *green,* podía devolverle con calma el palo al *caddie,* y caminar hacia el hoyo, pensando en meter su tercer golpe con el *chip*, o que al menos podría hacer par.

Dejó de pensar: *"¡vaya, aquí viene otro bogey!"*

Cambió su filosofía en relación a la práctica. Cuando notaba que su *swing* no estaba afinado, decidía que era mejor descansar e irse a dormir, que quedarse dando bolas, machacando sus errores. Invirtió su tiempo extra practicando *chips*, *pitches* y *putts*. Decidió que la verdadera disciplina significaba que, de vez en cuando, tenía que dejar de dar bolas y descansar un poco, en vez de seguir practicando hasta quedar exhausto.

En julio, ganó el Abierto del Oeste, su primera victoria en casi dos años. Acabó dentro de los diez primeros varias veces y desperdició dos buenas ocasiones más para ganar.

Tuvo una buena oportunidad de ganar las Series Mundiales de Golf en septiembre. Después de tres vueltas, se encontraba en cuarta posición, a tres golpes de Vijay Singh, y a uno de José M.ª Olazábal y Jim Gallagher Jr.

Acabó los primeros nueve hoyos con 32, y se puso líder por tres golpes cuando se encontraba en el hoyo 15.

Y allí, de repente, pensó que iba a perder el torneo. Tuvo una premonición en la que se veía en el vestuario frente a su taquilla, cabizbajo, triste y disgustado.

Hizo *bogey* en los tres hoyos siguientes. Falló un *putt* para par de metro y medio en el hoyo 15. Su sacada de *bunker* en el hoyo 16 fue un poco agresiva, y aunque botó en el duro *green*, acabó en el *rough*. Se voleó el *green* del 17, empatando en el liderato con Greg Norman y Nick Price, que venían pisando fuerte.

Billy se calmó y jugó el 18 muy bien, dejando su golpe de aproximación a dos metros y medio. Su *putt* de *birdie*, con el que hubiera ganado el torneo, estuvo bien golpeado, pero se desvió a la derecha en el último instante, dando la vuelta al hoyo.

En el primer hoyo del desempate, Norman metió un *chip* de veinte metros para *birdie* que ni Billy ni Nick pudieron igualar. Irónicamente, fue el juego corto de otro jugador lo que eliminó a Billy.

–Tuve el torneo en mis manos –dijo Billy a la prensa más tarde–. Y lo perdí.

La pérdida todavía se mantenía latente en la mente de Billy cuando llegó al Tour Championship de Southern Hills

Country Club en Tulsa, durante la última semana de octubre.

Las condiciones atmosféricas fueron duras en Oklahoma esa semana. Hacía frío. El viento, tal y como Rogers y Hammerstein hubieran dicho, venía arrasando la planicie. Los *greens* estaban secos y duros para retener la bola. No era el mismo campo en el que Nick Price había hecho once bajo par en el PGA de 1994. Incluso el par iba a ser un buen resultado.

Billy estaba preparado. Se había pasado la semana anterior pensando en Southern Hills, y en jugar con frío y viento. Cuando llegó al campo y vio las banderas agitándose con la galerna, pensó para sí: "*¡Bien, esto es para lo que estoy preparado!*"

Hablé por teléfono con Billy justo antes de que empezara el torneo. Comentamos las ideas básicas que preceden a un torneo: mantenerse en el presente, comprometerse con la rutina y ser paciente. Hablamos de los pensamientos que tenía que cambiar si quería mejores resultados de los obtenidos en las Series Mundiales. Hablamos sobre estar preparado para ganar.

Billy empezó con un 68 y durante los dos días siguientes, fue líder o se mantuvo cerca del liderato. El sábado hizo 69, y el líder de la segunda vuelta, Brad Bryant, acabó con un 73. De repente, Billy era el líder tras cincuenta y cuatro hoyos, con los mismos tres golpes de ventaja que había desperdiciado en las Series Mundiales.

Hablamos cada noche durante el torneo, y le recalqué el grado de paciencia que requería un campo de golf difícil como Southern Hills. Los *bogeys* acabarían cayendo. Los jugadores tenían que resistir el deseo de ser demasiado agresivos para evitarlos.

Billy estaba nervioso con respecto a esos tres golpes que le daban el liderato.

Nunca había dispuesto de tal margen tras cincuenta y cuatro hoyos. Notaba que eso añadía más presión sobre él y reducía la de los demás.

–¿Crees que hay algún jugador en el torneo que no quisiera cambiar su situación con la tuya? –le pregunté–. ¿Alguien a quien le cambiarías tu situación?

–No –dijo Billy.

–Entonces –dije– hemos de dar gracias por tener esos tres golpes de ventaja. Preparémonos perfectamente para ganar mañana.

No era fácil para él hacer eso. Muchos jugadores que piensan positivamente en los torneos normales tienen la falsa impresión de que se necesita algo más para ganar un Grande, unas Series Mundiales, o un Tour Championship. Y no es cierto. Los jugadores que ganan torneos Grandes son jugadores que se sienten lo suficientemente cómodos para pensar exactamente igual a como lo hacen en los torneos inferiores, seguir su rutina y mantenerse en el presente.

Billy tuvo que hablar literalmente consigo mismo para convencerse de ello. Cuando se levantó el domingo por la mañana se dijo para sí: *"Éste es tu torneo y vas a ganarlo"*.

Se acercó a la ventana, miró las banderas de la entrada del hotel, y estimó que el viento soplaba a 30 millas por hora.

"Sople el viento que sople, vas a ganar el torneo", se dijo a sí mismo.

En el *tee* del uno, y antes de cada golpe durante el recorrido, se repetía lo mismo: *"Vas a ganar"*.

Puede que este tipo de pensamiento no sea útil porque está enfocado hacia el resultado, hacia el futuro. Pero en el caso de Billy, era una excepción. Quería evitar una repetición de las Series Mundiales. No quería pensar en perder. Repetirse a sí mismo que ganaría era una forma de evitar semejantes pensamientos. Luego se esmeró en volver al presente y seguir su rutina.

El primer *tee* en Southern Hills, al igual que el primer *tee* de Riviera, se asienta muy por encima del valle, donde están situados casi todos los hoyos. El viento había desviado el *drive* de Billy al *rough* en cada una de las tres vueltas anteriores. Pero el domingo, como soplaba a favor, sólo necesitó una madera 3. La puso en medio de la calle, a 100 metros de *green*.

La bola acabó en una chuleta. Jugó un *wedge*, pero no le pudo dar efecto, y rodó pasándose el *green*. *"Un golpe detrás de otro. Sigue tu rutina"*, se dijo a sí mismo.

Dejó el *chip* a menos de dos metros, metió el *putt* para par, y se centró.

En el hoyo 2, con el viento de izquierda a derecha, envió la salida a los árboles de la derecha. Se sorprendió de su propia serenidad. Se fijó en un hueco que tenía para alcanzar el *green*, e intentó pasar la bola por ahí. Su bola golpeó un árbol y rebotó hacia la calle. Manteniendo la calma, dejó su *sand wedge* a tres metros y metió el *putt*.

Es increíble lo paciente y resistente que uno puede llegar a ser cuando cree que va a ganar. Cuando un golfista está en el estado mental adecuado, fallar golpes no significa mucho para él.

Billy me dijo más tarde que si no hubiera preparado su mente para ganar, probablemente habría procedido a jugar aquellos dos *putts* pensando en el *bogey*, o en la posibilidad de ceder el liderato. En vez de eso, se colocó ante ellos pensando únicamente en meterlos, en encontrar la forma de hacer un buen resultado.

Continuó haciendo pares mientras el resto de jugadores retrocedía. En el hoyo 15, dio un buen *drive*, pero botó en un montículo y entró en un difícil *bunker* de calle. Tenía dos opciones. Podía dar un *sand wedge* y asegurar la calle, o podía intentar llegar a *green* con un hierro 4. Lo último era un golpe arriesgado: si alcanzaba el *green* y la dejaba un poco a la derecha, se enfrentaba a un imposible *chip* en bajada, y estaría ante la posibilidad de hacer *doble bogey*.

Por primera vez en el día, decidió que tenía que saber dónde se encontraba. Le preguntó a su *caddie*.

–Vas cinco golpes por delante –le contestó el *caddie*.

Billy devolvió el hierro 4 a la bolsa y jugó un *sand wedge*. Hizo *bogey*, seguido de otro en el diecisiete.

Todavía mantenía un liderato cómodo a la salida del dieciocho. Tomó como referencia una torre en el horizonte, apuntó hacia ella, y siguió su rutina. Luego dejó que el golpe saliera solo. Acabó en medio de la calle. Le quedaban 167 metros a *green*, por encima de un *bunker*, y tomó como objetivo una columna de la casa club. Hizo el *swing* y vio cómo la bola sobrepasaba el *bunker*. El intenso rugido del público le indicó todo lo que necesitaba saber. La bola estaba en *green* y cerca del hoyo.

Había ganado de veras el torneo.

MÁS TARDE, BILLY me telefoneó y me comentó un programa que había visto en televisión en Phoenix. Salía Charles Barkley de los Phoenix Suns, un buen amigo de Billy. El entrevistador le preguntó a Barkley lo que pensaba sobre la temporada de ensueño de su amigo Billy Mayfair.

–Yo no lo llamaría una temporada de ensueño –dijo Barkley–. Eso suena como si no pudiera tener otra.

La respuesta complació a Billy, ya que, para él, la temporada de sus sueños significa ganar los cuatro Grandes. Por lo tanto, no quedará satisfecho con los logros de 1995. Le quedan muchas cosas en el tintero.

Indudablemente, se encuentra en una posición más fuerte

para intentar lograr dichos sueños, de lo que estaba a comienzos de 1995. Ha pasado ya la prueba de fuego.

Creo que todos los grandes deportistas han atravesado períodos muy duros, fases de desaliento y de desesperación. El fuego es como el proceso de fundición que quema un mineral y lo convierte en un metal precioso. Sin el fuego, el proceso no puede realizarse.

Cualquier deportista que haya pasado por lo mismo que Billy, y haya conseguido alcanzar el otro lado, es ahora más fuerte. Sabe que pase lo que pase, es lo suficientemente duro como para recuperar la forma.

Y eso, al igual que el juego corto, es un activo de mucho valor.

12.

Cómo Dicky Pride traspasó la fina línea

EL GOLF ES un juego de pequeños matices. La diferencia entre un buen *drive* y un *drive* que se va fuera de límites puede radicar en un pequeñísimo cambio en el plano del *swing*. La diferencia entre plantearse el circuito como un medio de vida y buscar otro trabajo puede ser tan pequeña como un golpe en una vuelta.

Lo mismo ocurre con el juego mental. Los jugadores que ganan sólo pueden pensar de forma ligeramente distinta de aquellos que no ganan. Unos confían absolutamente en su *swing;* los otros se distraen ocasionalmente con pequeñas dudas. Unos ordenan los pensamientos y las actitudes adecuadas en casi todos los golpes. Los otros se distraen con frecuencia durante una vuelta. Todas estas diferencias pueden influir profundamente en los resultados. Una buena mente puede ser la diferencia entre batallar en pequeñas ligas de golf y ganar en el Circuito de la PGA.

De hecho, frecuentemente constituye la diferencia. Si alguna vez va a Florida y se deja caer por los campos de golf donde se celebran los pequeños circuitos Tommy Armour, le costará explicar el nivel de golf que estará viendo. Casi todos los jugadores que siguen el circuito Tommy Armour tienen un juego y un *swing* impresionantes. Envían la bola a grandes distancias. Dominan todos los golpes, y meten muchos *putts*. La única forma rápida de distinguirlos de los jugadores del circuito de la PGA es por su equipaje: emplean el carrito de golf porque no pueden permitirse un *caddie,* y probablemente no llevan ninguna marca publicitaria en las mangas de sus camisetas.

La diferencia entre estos jugadores y los del circuito de la PGA es básicamente mental. Los jugadores del circuito han aprendido a pensar utilizando métodos que les permiten ganar. Los jugadores de los circuitos menores no lo han hecho. Una buena forma de pensar puede dar como resultado uno o dos golpes menos por vuelta, y eso es todo lo que separa las ligas pequeñas de las grandes ligas de golf. La línea divisoria es muy fina.

Dicky Pride puede dar testimonio de lo que digo.

Hace años, vi por primera vez a Dicky en el campo de golf de North River Yacht en Alabama, donde *Golf Digest* tenía algunas escuelas. Siempre estaba en el campo de prácticas tirando bolas. No era el clásico jugador joven que impresionara al público ocasional por su gran potencial. A la mayoría de la gente lo que le impresiona es la gran distancia alcanzada en el campo de prácticas, y Dicky carecía de ella. Está dentro de la media, ya que sus buenos *drives* generalmente alcanzan 225 ó 235 metros, con un poco de *fade.* Parecía el tipo de chico que tendría que esforzarse para formar parte de un buen equipo universitario de golf.

De hecho, eso es lo que era. Dicky creció en Tuscaloosa,

donde su padre se dedicaba a negocios inmobiliarios. Dick Pride fue un buen golfista amateur, y durante varios años el entrenador de la Universidad de Alabama le enseñó a Dicky los fundamentos del golf.

Dicky fue un buen jugador de baloncesto en el colegio, y un buen jugador de golf, pero no lo suficiente como para obtener una beca de una de las grandes universidades. Entonces, se inscribió en la de Alabama, la de su ciudad. Durante un año, más o menos, no tocó un palo de golf.

En el verano entre su primer y segundo año universitario, Dicky se enganchó de nuevo y comenzó a jugar. Ese otoño intentó entrar en el equipo de golf como acompañante. Lo consiguió. Hizo una media de 78 golpes esa temporada, pero no consiguió entrar en el equipo titular.

Pero continuó luchando. Se pasó un verano trabajando en el Elk River Club, en las montañas de Carolina del Norte, y allí fue donde encontró a su profesor de golf, Todd Anderson. Leyó libros de Tom Kite y Bob Toski. Dio uno de los pasos críticos que un golfista tiene que dar para ser bueno: se dio cuenta de que tenía que mejorar su juego corto, y empezó a pasar más tiempo practicando el *chip* y el *putt* que el *swing* entero.

Volvió a esforzarse por entrar en el equipo de golf, y lo logró. Pero la primera vez que el entrenador decidió jugar una fase de clasificación para el equipo titular, Dicky hizo 87. Era terriblemente inconsistente, pero seguía luchando. Durante el semestre siguiente hizo una media de 75 golpes en competición, y consiguió su beca.

Dicky nunca había pensado en pasarse al mundo profesional hasta su último año en Alabama. Empezó a mostrar el talento que tenía jugando bien en campos difíciles. Se clasificó para el Campeonato Amateur de los Estados Unidos de 1991. Llegó a semifinales, una hazaña digna de mención para alguien cuya presencia en el equipo de golf de Alabama había sido cuestionada un año antes. Hubiera llegado a la final de no ser por el hoyo 17, donde dejó que su pensamiento le apartara del presente.

Iba uno arriba. Envió su *drive* a la calle y su contrario al *rough*. Como una tentación del diablo, un pensamiento perturbador irrumpió en su mente: "*¡Caramba! Gano este hoyo y voy al Masters*". (Los finalistas del Amateur de los Estados Unidos automáticamente quedan invitados.) Al igual que Davis Love III, que dejó de jugar bien cuando empezó a pensar en el Masters, Dicky empezó a cometer errores mentales. Desvió su golpe de colocación con el hierro 7 a la derecha y la envió a un *bunker.* Su siguiente golpe se pasó el *green*. Hizo *doble bogey* y perdió el partido en el desempate.

Dicky regresó a la universidad y jugó bien durante su último año, aunque no lo suficiente como para alcanzar el grado de *All American*[1]. Nadie le consideró del mismo nivel que Phil Mickelson o David Duval, quienes eran los mejores universitarios de su época. Nadie, excepto Dicky. Había empezado a creer que podía hacer algo en golf.

En 1992, se clasificó para el Abierto de Estados Unidos. Fue a Pebble Beach y sus resultados fueron de 83 y 88. Pero esa experiencia fue suficiente para persuadirle de que podía competir al más alto nivel. Dicky tenía una buena predisposición mental.

Se convirtió en profesional a finales de ese año, fue a Florida y se incorporó al Circuito Tommy Armour. Después de ganar su primer evento allí, vino a visitarme a Charlottesville.

Poca gente creía que Dicky tuviera posibilidades de acceder al Circuito de la PGA en ese momento. Pero no me im-

---

[1] Grado honorífico que concede el pueblo norteamericano a alguien que considera de gran valía. *(N. de los T.)*

portaban sus credenciales. Ante todo, tengo que decir que no forma parte de mi trabajo preocuparme por ello. Mi trabajo consiste en ayudar a que la gente se dé cuenta de su potencial, y para lograrlo, tengo que tratar a cada persona como si tuviera un potencial ilimitado. Tal y como le dije a Dicky:

En la vida, es más importante saber dónde vamos que saber dónde hemos estado.

Y pude ver que Dicky tenía cierto talento. Todo estaba cubierto de nieve, y coincidía que Brad Faxon también estaba de visita, entonces les llevé al gimnasio de la Universidad donde tengo mi despacho. Estuvimos un rato practicando el *putt* en una cancha cubierta. Brad tuvo que meter dos *putts* largos en los dos últimos hoyos para ganar a Dicky. Y Brad era uno de los mejores jugadores de *putt* del circuito.

Más importante aún, pude darme cuenta de que Dicky tenía una buena consideración de sí mismo, a través de las historias que me contaba. Con sus escasos logros como *amateur,* tenía que disponer de una buena actitud, simplemente para pensar que tenía posibilidades de acceder al circuito.

Dicky comprendió enseguida algunos de los fundamentos del juego mental. Tenía una rutina firme. No se obsesionaba con pensamientos referentes al mecanismo del *swing* mientras estaba en el campo. Pensaba dónde quería poner la bola.

Hablamos del enfoque a largo plazo que le podría llevar de los mini-circuitos al circuito grande.

Dicky es un hombre joven, nervioso e impulsivo. Necesitaba entender que el golf es un juego que premia más el esfuerzo continuo y pausado que un repentino ataque de pasión. Le propuse una meta: mejorar un poco cada día. Si podía hacer eso, lo demás ya llegaría por sí solo.

Le dije que el éxito no dependía de lo mucho que supiera acerca del juego mental. Mucha gente conoce las máximas. Es cuestión de aplicarlas de forma consistente y en el momento oportuno. Por ejemplo, los psiquiatras y los médicos reciben una educación exhaustiva acerca de las dolencias, tanto físicas como mentales, que oprimen a los seres humanos. Conocen la forma de mantenerse sanos. Y a pesar de todo, su tasa de suicidios es una de las más altas del país. El conocimiento no es de gran ayuda a menos que uno lo utilice correctamente.

Además, hablamos mucho sobre el reto al que se enfrentaría en otoño, en la escuela de clasificación para el circuito. Cada año, alrededor de mil jóvenes y buenos jugadores pagan su inscripción y se embarcan en el proceso de clasificación de dicha escuela. Después de la fase clasificatoria regional, los mejores pasan seis días muy duros en la última fase. Al final, los cuarenta mejores y empatados consiguen la tarjeta que les permite jugar el circuito.

Le dije que posiblemente sería un poco más fácil hacerlo bien en la escuela de clasificación, que en el circuito Tommy Armour. Y esto es debido a que muchos son los jugadores que piensan que pueden triunfar en el Circuito Tommy Armour, y pocos los que confían en sus posibilidades en la escuela de clasificación.

Ese otoño, Dicky tuvo puesta la cabeza en su sitio durante la primera parte de la fase de clasificación. Me llamó una noche y me explicó cómo casi llega a pelearse con alguien que quería hablarle, después de la tercera vuelta, sobre el resultado que tenía que hacer para llegar a las finales.

–Estás en buena forma. Todo lo que necesitas hacer mañana es –dijo el hombre.

–No lo quiero saber –dijo Dicky. Se propuso empezar a jugar sin poner un ojo sobre la pizarra de resultados.

–Pero Dicky, todo lo que tienes que hacer es...

–Que no lo quiero saber –le interrumpió de nuevo.

Después de unos intercambios de palabras cada vez más acalorados, el hombre finalmente captó el mensaje. Dicky no lo quería saber.

Jugó de forma colosal en la fase final, empezando con un 70, seguido de un 71, un 64, un 72 y un 68. Titubeó en la vuelta final, haciendo tres *putts* en varios hoyos seguidos. Pero Tim Simpson, que jugaba con él, me dijo que se quedó impresionado de cómo Dicky se había agarrado al campo, de cómo se había aferrado a su rutina, y de cómo mantuvo la compostura. Hizo *birdie* en el dieciséis y acabó con 77, para un total acumulado de diez bajo par. Consiguió la tarjeta. Nadie le consideraba *All American*, pero había conseguido alcanzar el Circuito, por delante de muchos *All Americans*.

LA VIDA EN el circuito fue un reto de distinto nivel. Se trataba más de una cuestión de intimidación que de nervios. En su primer torneo, en Hawai, sintió como si hubiera mantenido la respiración durante los primeros nueve hoyos, esperando, quizá, a despertarse. No pasó el corte en sus primeros seis torneos.

En Bay Hill pasó el corte y ganó un cheque de tres mil dólares, y luego falló un par de cortes más. Se tomó varios días de descanso para ir a la playa con su novia, Kim Shearer. Le contó a ella lo deprimido que estaba, lo duro que había estado entrenando y lo poco que le había servido. Le dijo que no pensaba que tenía el talento para jugar en el circuito. Casi se puso a llorar.

Kim hizo una cosa juiciosa. Le dijo que dejara de quejarse y que comenzara a actuar como el chico que ella había conocido cuando jugaba el circuito Tommy Armour. En aquella época, Dicky era arrogante. Necesitaba serlo de nuevo, dijo ella, y empezar a jugar de la forma en la que era capaz de hacerlo. Dicky se fue a Houston, pasó el corte y ganó otro cheque. Estaba comenzando a recobrar la confianza.

Vi a Dicky algunos días más tarde, en el torneo Byron Nelson. Hablamos un rato sobre su *putt*. Le dije que tenía que dejar de pensar tanto en si la bola se metía o no en el hoyo, y dejar de preocuparse de si golpeaba la bola perfectamente y le daba el efecto clásico, al tiempo que la ponía en camino. Necesitaba concentrarse en establecer la línea y la velocidad, y dejar que los resultados llegaran solos.

Dicky acabó dentro de los veinte primeros en el Byron Nelson, que fue acortado por la lluvia. Lentamente se iba sintiendo más cómodo, pero aún estaba como en una pequeña barca, a expensas del mar. Una semana estaba eufórico y la siguiente estaba deprimido. El New England Classic fue una semana baja. Volvió a fallar el corte. Tenía un dolor en la muñeca. Perdió el avión para salir de Boston el viernes por la noche, y llegó a Memphis el sábado.

El *status* de exención de Dicky no era lo suficientemente alto como para confiar en entrar en el torneo de Memphis. El sábado no jugó la vuelta de entrenamiento. Simplemente se paseó por el campo, escribiendo las notas necesarias para establecer su plan de juego. Se llevó el *putt* y unas cuantas bolas, y se propuso meter al menos cinco *putts* cortos en cada *green*. Ese día, Dicky debió ver 150 *putts* rodar y meterse en el hoyo.

Siguió practicando, pero no supo con certeza si jugaría o no hasta que Lee Janzen abandonó el martes. Creo que eso le ayudó. Mantuvo sus pensamientos centrados en el deseo de jugar, y no en poder pasar el corte. Su actitud fue: "Estoy dándole bien a la bola. Sólo necesito una oportunidad para demostrarlo".

De hecho, había una conexión de influencias positivas en su mente: los *putts* que había metido durante el primer día que se paseó por el campo; la espera para ver si podía jugar; e incluso el compañero de juego con el que le tocó salir durante las dos primeras vueltas, Howard Twitty. Howard es alto y delgado, con una zancada lenta y acompasada. Dicky consiguió que esa forma de caminar lenta y rutinaria le proporcionara un estado de ánimo calmado, que le duraría casi toda la semana.

Empezó con un 66, a pesar de hacer *bogey* en los dos últimos hoyos. Sufrió algunas desventuras, pero se mantuvo bien. El sábado, en el hoyo dieciocho, hizo un *hook* y envió la bola al agua, pero seguía empatado en el liderato al finalizar los cincuenta y cuatro hoyos.

Dick era, según sus propias palabras, un manojo de nervios el sábado por la noche. Me llamó desde la habitación del hotel.

–Doc, el hoyo dieciocho me está volviendo loco –dijo él–. La he enviado dos veces al agua. No puedo dejar de pensar en ello.

Sólo había una cosa que podía hacer, y era afrontar el miedo del dieciocho. Le dije que visualizara el golpe de salida que quería realizar. Necesitaba ver el palo que usaría, el *swing* que haría, el vuelo de la bola y el punto donde quería que fuera a reposar. Necesitaba escuchar, en su mente, el silencio anterior al golpe y la reacción del público en el momento de aterrizar la bola. Necesitaba oler la hierba y sentir el sudor cayendo por su nunca.

Eso le ayudó un poquito. Se fue a la cama, pero sintió calor, por lo que se levantó y encendió el aire acondicionado.

Luego recordó que no podía dormir con el aire acondicionado encendido. No pudo reconciliar el sueño. A la hora del desayuno, apenas pudo comer. Además, su hora de salida sufrió un retraso, y cuando llegó el momento de colocar la bola en el primer *tee* de salida, notó como si estuviera inhalando un extraño gas, que ciertamente no era oxígeno.

Dicky envió su mediocre salida a la derecha de los *bunkers* del lado derecho de la calle. A continuación, dio un hierro 5 que botó muy fuerte, acabando en una pendiente en bajada pasado el *green*. Desde esa posición, Dick normalmente necesita una gran dosis de suerte para dejar la bola a menos de tres metros del hoyo. No se sentía bien al colocarse a la bola. Durante un segundo consideró salirse de su colocación. Luego recobró la atención y se esforzó para volver al asunto que tenía entre manos, imaginándose el objetivo y la bola entrando. Hizo el *swing* sin miedo y dejó caer la bola suavemente en *green,* acabando dentro del hoyo.

Es indudable que embocar un golpe como ése en el primer *green* puede dar un empujón mental. No solamente provoca el sentirse agraciado con la buena suerte, sino que puede llegar a inyectar confianza en la mente de un jugador nervioso. Le puede ayudar a dar lo mejor de sí mismo durante el resto de la vuelta.

Dicky continuó con algunos problemas, enviando el *drive* al *rough* y haciendo aterrizar la bola en lugares equivocados. Pero consiguió agarrarse al campo durante los primeros nueve hoyos.

En el hoyo 10, dio un buen *drive* a la calle, quedándole un hierro 6. Por primera vez, su mente se apartó del presente. Pensó en todo lo que conseguiría si ganaba, empezando con el viaje al Masters. Fue la misma distracción que le había dejado obcecado unos años antes en el Campeonato Amateur de Estados Unidos, y su error tuvo consecuencias similares.

Dio un golpe mediocre por encima del *green* y fue a parar a una posición casi injugable.

Dicky perdió la compostura.

–¡Me niego a repetir lo mismo! –gritó a su *caddie*–. ¡Me lo hice una vez y me quedé sin ir al Masters. No voy a cometer de nuevo el mismo error!

Ciertamente, su *caddie* no tenía ni idea de lo que Dicky estaba diciendo en alto.

No dio un buen golpe de *wedge* y se quedó a borde de *green*. Luego metió el *putt*. Al igual que el *chip* embocado en el primer hoyo, el *putt* desde el borde le ayudó a recobrar su concentración, que no tuvo ya más vacilaciones.

Hizo *birdie* en el once, y en los hoyos trece, catorce y quince el *putt* rozó el borde del hoyo. Se dijo a sí mismo que esos pequeños fallos demostraban que estaba jugando bien el *putt*. Hizo *birdie* en el hoyo 16 y se colocó de nuevo líder empatado. En el hoyo 17, jugó un hierro 3 a *green,* pensando en que la cortaría y la dirigiría hacia la bandera desde el lado izquierdo. La bola salió totalmente recta, botó mal en el *rough,* y acabó sobre una raíz al descubierto. No pudo dejar el *chip* a menos de nueve metros, e hizo *bogey*.

"No pasa nada", se dijo a sí mismo. Había hecho *bogey,* pero no un error mental. Su rutina anterior al golpe seguía siendo la adecuada.

A continuación, llegó al *tee* del hoyo 18 necesitando un *birdie*. Los *tees* estaban en alto, las calles estaban duras, y el hoyo es un *dogleg* a la izquierda. Un *drive* largo, desde la posición adelantada del *tee,* podría atravesar el *dogleg*. Dicky sacó la madera 3. Reunió en su memoria todas las imágenes positivas que había conjurado la noche anterior, siguió su rutina y dio un perfecto golpe de salida al centro de la calle, a 150 metros del hoyo.

Estaba excitado, y se dio cuenta de ello. Por lo tanto, cogió un palo menos del que hubiera cogido en otra ocasión, un hierro 7, y la dejó a seis metros de la bandera.

Jay Haas era el compañero de juego de Dicky. Se había quedado apartado de la lucha por el título, pero hizo algo muy elegante en ese último hoyo.

–Disfruta este momento –le dijo a Dicky cuando se encontraban en *green*–. Ésta es la razón por la que juegas.

En estas circunstancias, eso es precisamente lo que un novato querría escuchar de un veterano.

Dicky alineó su *putt,* siguió su rutina, y dio el golpe. Por un instante creyó que se quedaba corto del hoyo. Pero la bola se esforzó para llegar al hoyo y se metió. Durante diez segundos, exteriorizó su júbilo con toda la potencia de sus pulmones, dejando que saliera toda la tensión acumulada en la vuelta final. Nadie pudo oírle debido al clamor del público.

Había hecho 67, diecisiete bajo par, para un total de 267. Entró en el desempate con Hal Sutton y Gene Sauers.

Dicky jugó el hoyo del desempate, el 18, exactamente como lo había hecho minutos antes: madera 3, y hierro 7 a seis metros del hoyo. Sutton y Sauers también alcanzaron el *green*. Sauers falló su *putt,* dejándolo dos centímetros corto.

Cuando se preparaba para golpear, Dicky estaba pletórico de confianza. Sabía que su objetivo debía ser el borde derecho. Sabía que si lograba llevar la bola sobre esa línea, se metería. Pensó, tal y como me dijo más tarde, en algo que le había dicho yo una vez: que los golfistas bajo una fuerte presión tienden a sobrepasarse con las maderas y los hierros, y a dejar cortos los *putts* y los *chips*. Pensó en sentirse libre y arrogante. Se dijo a sí mismo: *"Busca únicamente la pureza"*. Conectó un *putt* firme y valiente que atravesó el hoyo por el centro, golpeó la parte posterior de la cazoleta, y entró.

Sutton falló su *putt* de *birdie,* y Dicky pasó de ser un don nadie a un ganador del circuito.

Recibió una foto por correo un poco más tarde. Era una fotografía de la pizarra de resultados en un evento *amateur* de 1992 llamado el Cardinal Invitational. Mostraba a Dicky Pride en el puesto cuarenta y cuatro con resultados de 72, 79 y 73.

"¡Qué diferencia en tan sólo dos años!", escribieron los organizadores del torneo.

Pensé que deberían haber escrito: *"¡Qué diferencia se puede lograr cón un adecuado estado mental!"*

PERO DICKY SE salió del estado mental adecuado con la misma rapidez con que había entrado en él. Ya no consiguió acabar entre los diez primeros durante el resto de 1994, y no ganó en 1995. De no ser por la exención de dos años conseguida gracias a la victoria de Memphis, hubiera tenido que volver a la escuela de clasificación.

Después del triunfo, las expectativas de Dicky sobre sí mismo se elevaron. Quería repetir su logro con tantas ansias, que quizá lo intentó con demasiada dureza.

Cuando daba un golpe peor de lo esperado, tendía a volverse autocrítico e impaciente. Esto ocurre con frecuencia después de ganar el primer torneo o el primer Grande. Dicky tuvo que aprender a dejar atrás sus nuevas expectativas cuando entraba en un campo.

Y hubo cambios en su vida que afectaron su juego. Se compró su primera casa y su primer coche. Su éxito le ocasionó invitaciones sociales y otras distracciones con las que antes no se había tenido que enfrentar jamás.

Recientemente, hemos comentado el modo de manejar su agenda, para elevar las posibilidades de recuperar ese estado mental óptimo que alcanzó en Memphis. Tiene programadas visitas de chequeo a su profesor Todd Anderson cada cuatro o cinco semanas, básicamente para asegurarse de que su colocación y postura son correctas. De este modo, no intentará competir cuando tenga dudas acerca de sus mecanismos. Vamos a vernos el uno al otro cada mes más o menos, y hablamos periódicamente por teléfono para asegurar que su juego mental está en su sitio.

También tiene previstos parones periódicos. Hemos intentado que su esposa y su carrera sean sus prioridades. El tiempo que tiene para hacer sociedad con los amigos tiene que estar subordinado a esas prioridades.

Y hemos hablado sobre la consistencia en el tiempo empleado para la práctica. Tiene que seguir un programa que le proporcione tiempo para practicar alrededor de *green* cada día, o su juego corto no estará al nivel que tiene que estar.

Si no se siente preparado para jugar un gran golf, permanecerá en casa hasta que lo esté. No se dejará ver por el simple hecho de que haya un torneo.

Queremos asegurarnos de que cuando compita, esté preparado para confiar de igual forma en todas las facetas de su juego. El año pasado, parecía que cada semana había alguna parte de su juego en la que no confiaba: su *driver,* sus *wedges,* o algún matiz de su *putt*. Eso tiene que acabar.

Pero incluso haciendo todas estas cosas, no recuperará automáticamente la agudeza mental que tenía en Memphis.

Lo más duro es que el estado óptimo de la mente no es algo que un golfista pueda comprar, poseer, dejar en un armario y sacar para su uso siempre que quiera.

Más bien es una circunstancia que puede ser frágil, efímera y difícil de retener. Emerge de la confluencia de muchos factores, algunos de ellos muy sutiles. Y los factores varían de un golfista a otro. Lo mejor que puede hacer un jugador es reconocer los factores que le van bien, y esforzarse para asegurarse de que estén presentes cada vez que compita.

El estado mental óptimo es algo que el jugador debe trabajar con paciencia, día a día.

13.
Cómo David Frost aprendió a rematar

UNO DE LOS mayores elogios que puede recibir un golfista es ser reconocido por sus compañeros como un "rematador". Una persona así es alguien que va acumulando torneos, que remata cuando tiene posibilidad de ganar.

Mi amigo David Frost es así.

Frosty no se encuentra entre los pegadores más largos del Circuito de la PGA. El Circuito Nike o el Campeonato NCAA está lleno de jugadores que pueden sobrepasar su *drive*. Pero el *putt* lo maneja con excelencia, es un jugador de hierro muy preciso, y es muy hábil con el *wedge*. Todas estas cualidades le garantizan pasar el corte en casi todos los torneos en los que participa. Cuando maneja el *putt* mejor de lo habitual, se convierte en una amenaza difícil de superar.

Ahora bien, cuando puede ganar, lo hace. Ganó en Nueva Orleáns en 1991 metiendo una sacada de *bunker* en el hoyo dieciocho para batir a Greg Norman. Ganó las Series Mundiales de Golf en 1989, en el desempate contra Ben Crenshaw. Y ha ganado otros torneos accediendo al liderato en las primeras vueltas, y sabiéndolo administrar en las últimas.

Pero en su carrera no todo ha sido de color de rosa para Frosty. En sus primeros años en el circuito, acabó segundo ocho veces antes de ganar el primer torneo. Perdió desempates, falló *putts* y tuvo escalofríos.

Frosty tuvo que aprender a rematar, a dominar la presión, tal y como le ocurre a la mayoría de los golfistas.

SU CARRERA DE GOLF comenzó cuando tenía catorce años en su nativa Sudáfrica, donde su padre tenía unos viñedos cerca de Ciudad del Cabo. Frosty y su hermano comenzaron haciendo de *caddie* a su padre los fines de semana por la tarde, en el Stellenbosch Golf Club. Cuando su padre acababa, se iba al bar con sus amigos. Frosty y su hermano cogían los palos y jugaban hasta que se hacía de noche.

A Frosty le gustaba el juego, y poseía un talento evidente, especialmente con el *putt.* Cogió los primeros cuarenta dólares que ganó como *caddie* y compró una bolsa de palos usados: un viejo *putter* de la marca Bullseye, algunos hierros y una madera 1 1/2 de señora.

No recibió ninguna clase, a excepción de unos pocos *clinics* dirigidos por la Fundación Sudafricana de Golf, donde los chicos aprendían lo básico sobre el *stance* y el *grip*.

Jugó y practicó mucho, particularmente el juego corto. En su época escolar, no tenía ni el tiempo ni la posibilidad de ir a un campo para practicar. Por lo que cogía algunas bolas, un hierro 7 y un viejo neumático; lo colocaba verticalmente sobre la hierba, y practicaba el *chip* a través del mismo. Un día, su padre llevó un cargamento de arena de playa a la finca donde vivían, y fabricó un *bunker* de prácticas.

Participó en torneos *junior* durante las vacaciones del colegio. Pero su familia no le presionaba mucho a competir. Frosty considera, y estoy de acuerdo con él, que eso le ayudó. Los padres que empujan a un hijo a competir y ganar antes de estar preparado, pueden inculcarle un temor a los torneos serios, y a las situaciones de presión, que arrastrará consigo en la vida adulta.

En vez de hacer eso, el padre de Frosty le incentivaba de forma pedagógica. Si bajaba de 80, le compraría un nuevo juego de palos. A los dieciséis años rondaba ese resultado. Un día, él y su padre jugaron una vuelta con el profesional de Stellenbosch. Después de dieciséis hoyos, Frosty sólo necesitaba dos pares para hacer 78.

Comenzó a pensar en el resultado. Su *swing* se volvió tenso. Hizo *bogey* en el diecisiete y *doble bogey* en el dieciocho.

Fue su primera experiencia bajo presión, y no supo controlarla.

Después de lo sucedido, Frosty prefirió no pensar mal de sí mismo. Decidió que, a pesar de no haber bajado de 80 ese día, tarde o temprano ocurriría.

Frosty debe esta actitud a su personalidad optimista y natural.

La gente escoge su propia actitud. Hubiera podido pensar de sí mismo que se encogería, se pondría tenso y actuaría sin firmeza cada vez que jugara bajo presión. Pero no lo hizo. Prefirió pensar que con la experiencia se acostumbraría a ella.

Esta actitud hace que uno reaccione de forma diferente ante los obstáculos, los disgustos y los malos rendimientos que inevitablemente acompañan al juego del golf.

Su siguiente oportunidad se presentó en un campo llamado Clovelly, en un campeonato *junior.* Hizo 38 en los primeros nueve hoyos, y se dijo a sí mismo: *"Esto es fácil. He pasado antes por esta situación"*. Acabó los segundos nueve con un 38 para un total de 76 golpes. Él y su padre salieron del campo y se dirigieron directamente a una buena tienda de deportes, donde escogió el juego de palos prometido.

Durante los dos años siguientes, fue bajando su *handicap* hasta llegar a uno. Y fue entonces cuando recibió su primera clase particular de golf, poniéndose en manos de un profesional de Johannesburgo llamado Phil Ritson. En muy poco tiempo llegó a cero, y luego a más uno. Era uno de los mejores *amateurs* de Sudáfrica.

David me ha mencionado con frecuencia que prácticamente llegó a ser *handicap* cero antes de tomar su primera clase formal. Esto forma parte de su personalidad golfística. Siempre ha comprendido de forma intuitiva el hecho de que es más importante aprender a hacer resultados que aprender a hacer el *swing*. De joven, aprendió primero a meter la bola en el hoyo. Desarrolló creatividad e imaginación, especialmente alrededor del *green*. Luego decidió que era hora de perfeccionar su *swing*.

A la hora de recibir clases, siempre se ha guiado por sensaciones. Es capaz de asimilar ocho o diez pequeños consejos durante la hora de instrucción. Siempre ha tenido la claridad suficiente para decir sí con la cabeza, aunque muchas veces piense internamente: "No, eso no es para mí". Acabará la clase con un par de ideas a desarrollar. Y, tras un par de días de práctica, conseguirá convertir estos cambios en sensaciones que intentará incorporar a su juego. Él es totalmente opuesto al típico jugador que acaba una clase intentando incorporar diez cambios en su juego, cambios que a los pocos días de practicarlos se han convertido en un par de docenas de nuevos movimientos. Esa clase de jugador no tiene ninguna posibilidad en el campo de golf. Un jugador del estilo de Frosty siempre tiene un *swing* con el que jugar y hacer resultados.

Le he comentado a Frosty que es importante tener la misma actitud selectiva con los consejos mentales que le doy. Siempre ha asimilado bien una parte de lo que enseño. No tiene que prestar mucha atención. Con la otra, puede que no se sienta del todo cómodo. Es libre de rechazarla o modificarla. Un golfista tiene que conocerse a sí mismo lo suficientemente bien para saber lo que le funcionará cuando se encuentre bajo presión.

Frosty tuvo que cumplir dos años de servicio militar en el cuerpo de policía, donde caminó mucho y sirvió como ujier. Cuando terminó, consiguió un trabajo en el departamento de márketing de una empresa de cigarrillos. Jugaba al golf durante los fines de semana, comprimiendo setenta y dos hoyos de torneo en dos días de treinta y seis hoyos cada uno.

De nuevo, esto no se parecía en nada al entorno en el que la mayoría de los golfistas americanos se desarrollan hoy en día. Normalmente, los mejores *juniors* obtienen becas universitarias. Los mejores jugadores universitarios se convierten inmediatamente en profesionales. Nunca han experimentado la necesidad de ganarse la vida fuera de un campo de golf de la forma en la que los jugadores americanos de entonces lo experimentaron.

Frosty está convencido de que esto también le ayudó a ser mejor competidor. Sabe lo que significa subsistir con la paga de un joven policía; lo ha experimentado. Sabe que su vida no se acabaría si su carrera de golf se terminase.

De hecho, no aspiró a convertirse en profesional hasta los veintidós. Habría continuado jugando como *amateur* de primera fila de no ser porque los directivos de golf de Sudáfrica decidieron apartarle del equipo nacional en un *match* amistoso contra Taiwan. Disgustado con lo ocurrido, se convirtió en profesional.

En el verano del Hemisferio Sur de 1981-82, jugó el circuito Sudafricano de diciembre a febrero. Ganó 16.000 dólares, y decidió probar suerte en los Estados Unidos.

Con sus 16.000 dólares en el bolsillo, voló a los Estados Unidos y se inscribió en uno de los mini-circuitos de Florida. Pero hacía poco que había recibido una lección de *swing,* y no jugó bien. Gastó 5.000 dólares en derechos de inscripción y no ganó ni un duro.

De nuevo, Frosty prefirió tomarse esto como una experiencia positiva. Consideró que su mal juego era consecuencia de un cambio en su *swing,* y se fue a jugar el circuito europeo de verano.

Se clasificó en varios torneos, ganó unos pocos y modestos cheques en Europa, y volvió a Sudáfrica. Esa temporada acabó tercero en la Orden de Mérito Sudafricana, y eso le animó para jugar en Europa en 1983.

En el verano de 1984 tuvo su primera gran oportunidad de ganar en Europa, en un torneo que se celebraba en Leeds. Iba líder después de la tercera vuelta. El domingo jugaba con Nick Faldo. Pero después de jugar el sábado, se detuvo en una tienda de golf y vio una madera 3 que cautivó su atención. La compró y la puso en su bolsa al día siguiente.

La varilla de la madera 3 era demasiado rígida para Frosty, pero en ese momento no conocía bien las características del palo. En el hoyo dos sacó esa madera, y envió el golpe fuera de límites. Acabó el día con un 80.

Sin embargo, como es característico en él, no se traumatizó. Simplemente decidió que nunca más metería un palo nuevo en su bolsa sin antes conocer sus características, y probarlo intensamente.

En el otoño de ese año, fue a Estados Unidos para intentar clasificarse y entrar en el circuito de la PGA. Se trataba de una gran apuesta, porque los billetes de avión y los derechos de inscripción, con sus idas y venidas para las dos fases clasificatorias, prácticamente habían devorado su cuenta bancaria. Pero hizo 68 en la última vuelta y consiguió la tarjeta.

En la primavera siguiente, en el Abierto de Houston, se le presentó su primera oportunidad de ganar en Estados Unidos. Frosty iba en el penúltimo grupo, a un par de golpes del líder, Ray Floyd. Estaba casi sin ni un duro; el coste de su nuevo coche se había llevado sus ahorros.

El dieciocho del TPC en el campo de Woodlands es un hoyo muy duro para acabar, un par cuatro de 400 metros que se dobla ligeramente hacia la derecha, alrededor de un lago que se extiende prácticamente desde el *tee* al *green*. La posición de la bandera del domingo obviamente estaba en el lado derecho del *green*, ocasionando que el agua entrara en juego de forma muy relevante.

Después de enviar el *drive* a la calle en el dieciocho, Frosty decidió jugársela. Dio un maravilloso hierro 3, ligeramente cortado, que aterrizó en *green* y se detuvo a dos metros de bandera.

Mientras se dirigía hacia el *green*, la posibilidad de ganar no se le iba de la cabeza. Como extranjero, Frosty sabía lo importante que era ganar en América. Según su estimación, era el no va más.

Era tanta la presión, que le costaba mantenerse en pie. Por primera vez en su vida, sintió que sus manos temblaban. Sentía que el *putter* se agitaba y vibraba en sus manos como un pez en dique seco. Cuando subió el palo no sintió nada, ninguna conexión entre sus manos, el *putter* y la bola. Y falló el *putt*.

Como se comprobó más tarde, el *putt* probablemente le

hubiera metido en un desempate, ya que Floyd hizo *bogey* en el dieciocho y, aun así, ganó.

Los golfistas con frecuencia me piden otra versión sobre la cuestión de ¿el huevo o la gallina?:

¿Qué es lo que viene primero, la confianza o la victoria? La conclusión, para algunos, es que uno no puede ganar hasta que no tenga confianza, y ésta no se adquiere hasta que uno haya ganado. Pero si ése fuera el caso, nadie ganaría por primera vez. El hecho es que la confianza que se necesita para ganar se puede aprender.

Frosty comenzó aprendiendo. Prefirió ver el lado positivo de lo que había sucedido en Houston. Había dado un gran hierro 3 bajo presión, y ganó 40.000 dólares por quedar segundo, lo que suavizó sus preocupaciones monetarias. No había conseguido todo lo que quería, pero decidió que la próxima vez estaría mejor preparado para controlar sus nervios.

Por entonces, Frosty vino a verme. Había estado trabajando en su *swing* con David Leadbetter, y David se dio cuenta de que Frosty necesitaba un poco de ayuda en su juego mental para sacar el máximo partido a su talento.

Con la recomendación de David, Frosty voló a Charlottesville para verme. Hablamos de algunos conceptos nuevos para él, que le ayudarían a sacar su mejor golf cuando estuviera bajo presión. Conceptos que a usted le resultarán familiares en este momento.

Nunca había tenido una rutina mental consistente, ni había aprendido la importancia de centrarse en un objetivo pequeño antes de cada golpe. Trabajamos para incorporar ambas cosas en su juego.

Hablamos de la importancia de la relajación entre golpe y golpe. Frosty no necesitaba concentrarse durante cinco horas consecutivas cada vez que jugaba una vuelta. Le insistí para que pensara en otras cosas cuando había parón o caminaba después de darle a la bola. Aprendió a enfocar su atención en el golf cada vez que empezaba su rutina previa al golpe.

También hablamos de la importancia del descanso regular. Por estar al límite de sus posibilidades económicas y vivir alejado de su casa, Frosty tendía a jugar muchos torneos. Y practicaba mucho. Le hice ver que, cuando le fueran mejor las cosas, era fundamental tomarse un tiempo de descanso para estar despejado. La ausencia hace que el corazón se apasione. Cuando se ha estado lejos de la persona que se ama durante una temporada, uno se siente doblemente encantado de verla cuando vuelve a casa. Un jugador profesional puede amar el juego, pero tiene que lograr mantenerse apartado del mismo regularmente si quiere sentirse con ganas y preparado para jugar cada vez que clava el *tee* en el primer hoyo el jueves por la mañana.

SERÍA BONITO PODER decir que inmediatamente después de que Frosty empezara a trabajar conmigo comenzó a ganar. Pero aún le quedaban muchas pruebas que superar.

En 1987, empató con Tom Kite, Nick Price y Fred Couples para disputar el título del Abierto del Oeste. El desempate empezó en el hoyo dieciséis. Frosty envió su *drive* a la calle. La bandera estaba muy a la derecha, cerca de un *bunker.* Frosty siguió su plan de juego, que le indicaba que apuntara al centro del *green* en esa circunstancia. Así lo hizo, y jugó el *approach* con mucha precisión.

Sin embargo, Tom Kite apuntó a bandera, hizo *birdie,* y ganó el torneo.

Frosty aprendió de esa experiencia. Decidió que en un desempate a muerte súbita, tenía que ser más agresivo.

Ese mismo verano, en el Abierto Británico de Muirfield, aprendió otra lección. Empezó la última vuelta a un golpe del líder, y salía a jugar con Paul Azinger en el último partido. Azinger hizo un par de *birdies* en los primeros cuatro hoyos.

En ese momento, Frosty se olvidó que le quedaba mucho golf por jugar. Decidió que tenía que cazar a Azinger. Se volvió demasiado agresivo con los *putts* de *birdie* y con algunos de ellos se pasó tanto del hoyo que hacía tres *putts*. Se quedó sin opción al título.

Irónicamente, fue Nick Faldo el que ganó ese día, haciendo par en cada hoyo. Azinger se quedó por detrás de él; y también se hubiera quedado detrás de Frosty si éste hubiera sido más paciente.

Todo esto forma parte del aprendizaje para ganar al nivel más alto. El golfista tiene que tener un sentido muy agudo para saber cuándo ser agresivo y cuándo ser paciente.

El sentido de Frosty necesitaba estar sólo un poquito más afinado. En la primavera siguiente, estuvo en Hilton Head, jugando en el MCI Classic. El domingo salía en el último grupo, y fue líder durante un rato al empezar los segundos nueve hoyos. Pero hizo *bogey* en el doce, y Greg Norman le adelantó.

Para acabar, Frosty cogió todos los *greens* y falló los *putts* de *birdie.* Acabó perdiendo con Norman en el desempate.

Tras lo ocurrido, hizo un repaso mental de lo sucedido y determinó que había estado demasiado ansioso por meter aquellos *putts*. Necesitaba ser más indiferente y despreocupado para jugarlos lo mejor posible. Adoptó una nueva idea para la rutina de su *putt: "No tiene importancia"*. Esto le relajó.

Hablamos mucho por teléfono los domingos por la noche durante aquellos años. Siempre intentaba recordarle que a pesar de no haber ganado, había jugado vueltas sólidas. Había probado que sabía cómo ganar, que sabía cómo manejar su mente y sus emociones. Simplemente, otro jugador había tenido su día. Aun así, algo había aprendido. Fuimos capaces de reunir los fallos visibles y convertirlos en algo positivo.

Estaba preparado para ganar.

EN EL ABIERTO del Sur, a finales de 1988, Frosty iba líder con dos golpes de ventaja, al iniciar los segundos nueve hoyos. Pero hizo tres *putts* en el catorce y en el dieciséis para colocarse a un golpe de Bob Tway.

El último hoyo era un largo par cinco, cuesta abajo, con una riera que cruzaba lo ancho de la calle a unos veinticinco metros de *green*. Frosty dio un buen *drive,* pero seguía estando muy lejos para llegar a *green*.

Sin embargo, pensó que podía sobrepasar el arroyo, y quedarle un pequeño *chip* para anotarse el *birdie*. Era un golpe arriesgado y agresivo, pero lo jugó bien. A pesar de ello, su *pitch* se quedó dos metros y medio corto de bandera.

Golpeó el palo contra el suelo. Pero no fue porque estuviera descontento con el *pitch* que acababa de dar, tal y como lo malinterpretaron algunos espectadores, sino porque se estaba animando para meter el *putt* de *birdie*.

Frosty entró en el *green,* pero esta vez sin temblores. Seguía una rutina enfocada básicamente en meter la bola en el hoyo. Esta vez metió el *putt*, y ganó el desempate.

A Frosty le supuso tres años y siete segundas plazas para

pasar de ser un golfista de manos temblorosas, que falló un *putt* crucial de dos metros para perder en Houston, a ser un golfista confiado y agresivo, que se mostraba indiferente con sus errores, para ganar el Abierto del Sur, metiendo un *putt* crucial de dos metros y medio.

Frosty manejó la situación porque prefirió creer que cada derrota era un experiencia positiva. Extrajo las lecciones pertinentes, y luego se olvidó de ellas. Ésa es la forma en la que cualquier golfista debería enfocar una derrota.

Lo que distingue a los campeones no es lo que les ocurre, sino cómo deciden responder a lo que les sucede.

Desde el Abierto del Sur, ganó ocho torneos más en Estados Unidos, y varios más en Sudáfrica. Continuó aprendiendo cómo ser un rematador.

En las Series Mundiales de Golf de 1989, dio un mal golpe de *approach* con el hierro 7 al *green* del dieciocho en la última vuelta, enviando la bola al público, y dejándose un difícil *chip* en pendiente.

Pero se dio cuenta, cuando se dirigía hacia el *green*, de lo que había hecho mal. Se pensó demasiado el hierro 7, intentando afinar en demasía. Debió haber seguido la rutina, colocarse a la bola y hacer el *swing* sin dilación. Se dio cuenta que la dilación hizo que sus músculos se tensaran.

Volvió a su rutina en el golpe de *chip,* lo hizo con firmeza y continuó para llevarse el título en el desempate.

Sigue sintiendo nervios en las situaciones comprometidas, pero no permite que le traicionen, tal y como le ocurrió al comienzo de su carrera. En el Million Dollar Challenge de Sun City, en Sudáfrica, se llevó su segundo título con un *birdie* en el dieciocho ganando a José M.ª Olazábal. Jugó ese *putt* con las manos temblorosas.

Ocasionalmente, no acaba bien. En 1994, en Phoenix, poseía el liderato a falta de diez hoyos, cuando dio un mal golpe, y se cegó intentando fijar los mecanismos de su *swing*. Acabó con un 42 en los segundos nueve.

Todavía le quedan batallas por conquistar. Nunca ha ganado un Grande. Ése es el nivel de presión que los profesionales pueden sentir sólo cuatro veces al año. Le llevará un tiempo aprender a lidiar con ella.

Pero, como es habitual en él, sigue aprendiendo y caminando hacia delante.

14.

Cómo Guy Rotella llegó al mundo del golf

CUANDO VOY A visitar a mi padre, Guy, algunas veces hablamos de los golfistas que he conocido. En una ocasión, le expliqué lo que un día había comentado con Ben Hogan. Le pregunté a Hogan cómo había sido su adolescencia.

–Nunca tuve adolescencia –replicó Ben.

La frialdad de su respuesta me quedó grabada, y tuve curiosidad por conocer la reacción de mi padre.

–Bueno, yo tampoco tuve adolescencia –dijo mi padre.

Eso me sorprendió, porque nunca le había oído quejarse de su vida, y en ese momento tenía setenta y seis años.

Nunca pensó, tal y como explicaba, que hubiera algo por lo que quejarse. Su generación tenía otro concepto de la adolescencia. La mayoría de los quinceañeros de su época, y de su alrededor, trabajaba, estudiaba y se iba a dormir. Nunca pensó que tenía el derecho inalienable de practicar deportes o de ir a fiestas. Todo eso era como un regalo.

Mi padre nació en 1919, en Rutland, Vermont, siendo uno

más entre ocho hijos. Mi abuelo trabajaba en la Planta de Acabados de Mármol de Rutland. Los fines de semana desempeñaba otro trabajo, cortando árboles y vendiendo leña para quemar, con lo que podía hacer frente a la hipoteca que pesaba sobre su casa.

Cuando mi padre tenía nueve años, a mi abuelo lo ascendieron a capataz en la planta de mármoles. Un poco más tarde, estando en la sección de supervisión de traslado de bloques pesados de mármol, uno de ellos se cayó de la grúa y lo aplastó, matándole en el acto.

Mi abuela se encontró con ocho hijos y una casa hipotecada. Por entonces, no existía la Seguridad Social o una pensión por asalariado. Pero salieron adelante. Alquilaron habitaciones para huéspedes, y cada noche, después de cenar, ella y sus hijas trabajaban en el acabado de cinturones de la fábrica de prendas de vestir de Rutland. Además, tenían un gallinero y un jardín.

Recibió ayuda de la comunidad. Cada otoño, amigos que procedían de la ciudad de mi padre, en Sicily, se adentraban en el bosque y traían suficiente leña para mantener caliente a la familia Rotella durante todo el invierno. En primavera, venían con arados y azadas para trabajar la tierra del jardín, y así la familia podía cultivar verduras.

Otro amigo de mi abuelo llamaba y decía: "Mándame el chico a la barbería y nosotros lo cuidaremos". Y fue así como mi padre aprendió el oficio que le sustentó durante la mayor parte de su vida.

Continuó asistiendo al colegio, a la academia de St. Joseph Mount, donde más adelante entraríamos mis hermanos, hermanas y yo mismo. Cortaba el pelo y estudiaba. Cada noche a las nueve, mi abuela quitaba los fusibles de la caja, por lo que tenía que dejar de leer y ponerse a dormir. Le preocupaba la cuenta de la luz.

Después del bachillerato, compró una barbería y la regentó durante dos años, hasta que tuvo ahorrado el dinero suficiente para ir a la Universidad de Alabama, donde la enseñanza costaba sólo treinta dólares al semestre, y una habitación costaba un dólar a la semana. Estuvo allí hasta 1941, cuando estalló la guerra. Se alistó en la Marina, y luego conoció a mi madre. Se casaron y formaron una familia. Y ese fue el fin de su educación formal, aunque nunca dejó de leer y de aprender. Tanto él como mi madre trabajaron duro para lograr llevar a cinco chicos hasta la universidad, tres de los cuales hicieron un doctorado.

Hago todo este recuento, en parte porque admiro las hazañas de mi padre, y en parte para explicar el motivo por el cual se incorporó tarde al golf.

Mi padre tenía sesenta y tres años cuando le convencí a él y a mi madre de que probaran el golf. Hasta ese momento, nunca habían puesto un pie en el Rutland Country Club. Pero creo que nunca se es demasiado viejo para aprender a jugar al golf, siempre y cuando no se tenga miedo de intentarlo. Y nunca había visto a mi padre dejar de hacer algo que se hubiera propuesto hacer: jardinería, fontanería o cualquier otra tarea casera. Recuerdo que una vez construyó un receptor estéreo a partir de lo que me parecía ser un millón de pequeñas piezas. Todo lo que necesita hacer es ver la forma de alcanzar una meta. Más adelante, llegará a ella.

Les llevó cierto tiempo ver la meta. No tomaron clases, y durante los primeros meses jugaron casi siempre juntos. Pero en menos de un año se entusiasmaron con el juego. Mi madre desde el principio tuvo un *swing* rítmico y repetitivo. Mi padre leyó todo lo que pudo sobre el juego. Descubrió que tenía un toque de *putt* bueno y natural. Y cuando se dio cuenta de que era lo suficientemente bueno para jugar con su hermano y con algunos amigos de toda la vida, parecía un niño con zapatos nuevos.

En su primer año, hacía resultados de tres dígitos. Durante los diez años siguientes, bajó ese resultado paulatinamente.

Su progreso se detuvo bruscamente hace tres años. Se encontraba jugando un torneo, y le dolía el hombro de una caída anterior. Uno de los que jugaba con él le sugirió que desagarrotara el hombro haciéndolo girar. Mi padre lo intentó.

Nunca acepte consejos médicos gratuitos de alguien que se encuentre en el campo de golf.

Papá se rompió el músculo del hombro. Lo más probable es que ya estuviera dañado, quizá de los años que se pasó con el brazo extendido, cortando el pelo. Pero haciéndolo rotar completó la rotura. No podía levantar su brazo izquierdo.

Esperó un par de meses para ver si con el reposo lograba mejorar. Pero no mejoró. Necesitaba una intervención quirúrgica. Justo antes de entrar en el quirófano le dijo al médico que se asegurase de dejarle un *swing* de golf en algún lugar del hombro. Pero cuando se terminó la operación, los médicos le dijeron a mi madre que no podían predecir la extensión del movimiento que mi padre lograría.

Había gente de la edad de mi padre en Rutland, que había pasado por la misma operación que él, y que no había logrado la máxima recuperación de sus hombros. Él decidió asumir que estaban así porque no habían hecho los ejercicios de rehabilitación. Se propuso hacer los ejercicios porque quería jugar de nuevo al golf. Entendió que nunca se es demasiado mayor para mejorar la condición física, ni demasiado mayor para soñar y mejorar. El golf se había convertido para él en un nuevo reto, en el juguete de su jubilación, y no estaba dispuesto a renunciar a él.

Hacía sus ejercicios tres veces al día. Al principio, el esfuerzo le dejaba tan exhausto que todo lo que podía hacer a continuación era sentarse y descansar hasta que llegase el momento de hacerlos de nuevo. Gradualmente, se fue fortaleciendo. Un día entró en la consulta del cirujano y levantó el brazo por encima de la cabeza. Ambos se quedaron encantados y sorprendidos, como los niños en el circo, al ver lo bien que lo estaba haciendo.

Unos meses después de la operación, le fui a visitar y me llevó al aeropuerto de Burlington. Había un campo de prácticas cubierto en los alrededores, y le pedí que se parara allí. Se suponía que no iba a hacer nada atlético tan pronto, pero le di un hierro 7, le puse una bola en el *tee*, y le dije que le diera con tres cuartos de *swing*. Lo hizo. Luego dio otra con un *swing* suave y completo. Dijo que se sentía bien.

–Es suficiente por ahora –dije–. Utiliza esto como fuente de motivación para seguir trabajando en tus ejercicios. Volverás a jugar al golf.

Continuó trabajando duro en su rehabilitación, y aún sigue haciéndolo. Al llegar la primavera ya estaba jugando y mejorando de nuevo. Ésa es una de las grandes cosas que tiene el golf. Hasta el final de la vida, este juego proporciona placer, ejercicio y metas por las que trabajar.

La meta de mi padre era bajar de 80. Todavía sigue en ello.

En su caso, la barrera mental quedó patente el día que jugó su mejor vuelta hasta la fecha en Rutland. Se encontraba con su grupo de siempre: Frank Espósito, Sal Salerni y mi tío Roy. Son jugadores de nivel parecido. Tío Roy tiene *handicap* 13, mi padre 18 y Frank y Sal están más o menos en ese nivel, aunque mi padre dice que el juego de Sal ha empeorado un poco desde que empezó a utilizar su tiempo libre en recibir clases de vuelo. Normalmente se juegan un par de bebidas de dos dólares, aunque hay un poco más de dinero extra por los *birdies* y los *greens* cogidos.

Era julio, temporada alta de golf en Vermont. La gente ya ha jugado lo suficiente para tener el *swing* afianzado, y hace el suficiente calor para que los músculos estén sueltos.

Rutland Country Club es un campo pequeño, viejo y bonito, y no muy largo. Los *greens* son de *bent grass*[1], de los más finos que he visto. Es un campo que requiere precisión y un buen toque de *putt*.

Afortunadamente, ésas son las bazas más fuertes de mi padre. No pega mucho, quizá 160 metros con el *driver,* pero normalmente no se mueve de la calle. Y se siente muy seguro con el *putter*.

Especialmente ese día, mi padre se sentía muy bien. El tiempo era bueno y todo el mundo estaba contento. Era uno de esos días, tal y como matizó más tarde, en los que los golpes salen sin ningún esfuerzo. Todo salía fluido.

Seleccionaba pequeños objetivos y pensaba en la forma de enviar la bola allí. Esto era todo lo que pensaba, a excepción de una fantástica sensación de que era bueno estar vivo y jugar al golf en un día tan glorioso, con tres buenos amigos.

Hizo par en el primer hoyo, luego hizo *approach* y *putt* desde fuera de *green* para lograr otro par en el dos. Se mantuvo haciendo pares o *bogeys* hasta que acabó los primeros nueve hoyos. Y entonces, ocurrió.

–Caramba, Rotella –dijo Sal–. ¡Has hecho 39!

En ese momento, el pensamiento de mi padre se alejó repentinamente del presente. Dejó de pensar en el siguiente golpe, y comenzó a pensar que podía bajar de 80.

---

[1] Tipo de césped fino para los *greens* de las zonas con clima más bien frío. Necesita mucha agua y es delicado. *(N. de los T.)*

Comenzó a pensar que estaba en buena racha, lo cual no era del todo cierto. Simplemente estaba jugando a su nivel potencial. Pensar que *"estoy en buena racha"* puede ser perjudicial si el subconsciente está diciendo *"a ver si me sereno"*.

El aviso de Sal de que mi padre había hecho 39 era el mismo que el de aquellas personas en el Campeonato de la PGA que chillaban: "¡Ryder Cup!" a Brad Faxon.

Así como Brad tenía que mantener fuera de su mente la Ryder Cup, mi padre tenía que mantener fuera de la suya el bajar de 80.

Lo ideal sería que nadie sumara su resultado, ni pensara en ello hasta que la vuelta haya acabado. Pero en el mundo real, mucha gente lleva la cuenta de su resultado, aunque sólo sea para resolver quién será el ganador de los dos dólares. Y mucha gente no puede evitar sumar mentalmente, incluso cuando juega sola.

Esas personas tienen que dominar el conocimiento de una parte del resultado, de la misma forma que Brad encajó aquellos ánimos de "¡Ryder Cup!" como un estímulo para mantener la mente en el presente y pensar en la rutina.

Mi padre no lo dominó del todo. Envió su *approach* al *bunker* en el hoyo 10, y no logró hacer sacada y *putt*. Hizo *bogey* en los siguientes tres hoyos, a pesar de que podía haber salvado el par en dos de ellos jugando bien el *wedge*.

En ese momento, pensó que estaba a punto de hacer migajas su buen comienzo.

Encuentro que éste es un problema común en todos los jugadores que intentan con dureza, quizá con demasiada dureza, confeccionar una gran vuelta o un gran torneo. A veces, les pregunto cuál sería su actitud si les dijera que acabo de tener una revelación divina, que se acaba de escribir en el cielo que van a ganar tres veces este año en el circuito, o que van a bajar de 80, o cualquier meta que pudiera ser.

Garantizado.

Todo lo que tendrían que hacer es disfrutar viendo cómo sucedía.

Si eso fuera cierto, todos ellos serían más pacientes, aceptarían mejor el destino. Al dar un mal golpe, su actitud sería: "*¡Caramba, la envié a la porra en este hoyo, pero voy a ganar! ¡Qué gran historia va a salir de aquí!*"

Si mantuvieran esa actitud, ganarían o bajarían de 80 con más frecuencia.

Pero mi padre estaba un poco ansioso, y tiró a *green* con su segundo golpe en el hoyo 14, empleando una madera 3. Ése es un hoyo en el que normalmente juega un palo menos para quedarse corto.

Falló el *green* con la madera 3, y cayó en lo que él llamaría el síndrome de Jimmy Piersall. Se abandonó en el propio hoyo, se enfadó, jugó mal el *wedge*, y se hizo un *doble bogey*.

Esto prueba de sobra que el golf es un juego irritante y maldito. Mi padre es un hombre duro. Cuando estaba en la Marina ganó torneos de boxeo y de lucha libre. El golf es lo único que he visto capaz de adueñarse de sus emociones, excitarle, y zarandear su compostura de esa forma.

Acabó la segunda vuelta con un 44, que sumada a la primera hacía un total de 83. Fue una excelente vuelta para un *handicap* 18, pero podía haber sido mejor, podía haber bajado de 80. Sin embargo, se le escapó por poco.

Indudablemente, el fracaso de mi padre quedó relegado a un segundo plano, por el hecho de que, pase lo que pase en el campo, siempre abandona el último *green* encantado de haber tenido la posibilidad de jugar. Ésa era una gran cosa. Y gracias a ello, estoy seguro de que hará pronto resultados por debajo de 80, siempre y cuando recuerde que hay que estar en el presente. Estoy emocionado de que sepa jugar, y orgulloso de haber sido la persona que le introdujera en el mismo.

ME GUSTARÍA DARLE un consejo mejor a mi padre, pero mantenerse en el presente puede ser mucho más duro de hacer que de decir.

Hace poco jugué de pareja con él en el Campeonato de Socios e Invitados en Rutland, un *four-ball* mejor bola. Llegamos empatados al hoyo 18 en nuestro partido de semifinales. El hoyo 18 de Rutland es un par cuatro largo, un *dog-leg* hacia la izquierda con un golpe de salida por encima del agua.

Parecía que estábamos en buena predisposición para ganar. Llegué a *green* de dos, aunque me había dejado un *putt* de dieciocho metros en bajada y con caída lateral. Mi padre se encontraba de tres fuera de *green*. Parecía que nuestros contrarios no tenían nada que hacer. Uno de ellos había recogido la bola. El otro se había pasado el *green* de tres, y se enfrentaba a un golpe de *pitch* a un *green* con una severa pendiente en bajada. Parecía que cualquiera de nosotros podía ganar el hoyo: mi padre haciendo *approach* y *putt*, o yo haciendo dos o incluso tres *putts*.

Fue entonces cuando dejé de pensar en el presente, y comencé a pensar en el futuro. Pensé en lo bonito que le resultaría a mi padre meter el *putt* que nos daría la victoria. Había jugado bien ese día, y pensé en lo encantado que estaría.

Mi padre jugó un *chip* con su cuarto golpe, que se detuvo a metro y medio por debajo del hoyo, el típico *putt* que normalmente no se le escapa. Nuestro contrario dio su cuarto golpe.

Cogió la bola muy limpia, y salió baja. Daba la impresión de que se pasaría todo el *green*, poniéndonoslo aún más fácil. Pero golpeó la bandera y se paró a dos centímetros del hoyo. Le concedimos el *putt* para cinco.

De repente, tuve que intentar devolver mis pensamientos al presente. Apenas podía hacerlo. Dejé mi primer *putt* dos metros corto. Fallé el segundo, y mi padre también lo falló.

Perdimos el desempate.

Pensé: *"¡Increíble!, me paso los días enseñando a la gente a permanecer en el presente; pero hoy no soy capaz de hacerlo ni yo mismo"*.

Es parte del reto del juego. No basta con aprender lo que hay que hacer. Es necesaria la disciplina para obligarse a uno mismo cada día.

Afortunadamente, cada día que pasa es una oportunidad nueva. Por lo tanto, tengo la esperanza de que mi padre me invite de nuevo al Campeonato de Socios e Invitados. Si lo hace, tengo planeado redimir mi fallo.

15.

Cómo Nona Epps aprendió a pasar por el aro

A VECES ME da la impresión de que existen dos clases de padres: los que quieren que sus hijos jueguen al golf, y los que quieren que sus hijos jueguen mejor al golf.

Algunos padres acuden a mí porque tienen hijos que no parecen interesados en el deporte que tanto aman sus progenitores. Es normal que los padres quieran transmitir a los hijos los placeres y beneficios del juego.

Otros tienen hijos que empezaron a jugar mostrando ciertas cualidades, y repentinamente lo dejaron.

Y otros tienen hijos que poseen un juego realmente muy prometedor: han ganado el campeonato *junior* del club, o alguno a nivel escolar, y ahora, esos padres se plantean que si sus hijos fueran más aplicados, podrían optar a becas universitarias, y quizá a una carrera profesional.

Estoy tentado de recomendar a mi amigo Charlie Epps a todos esos padres, pues Charlie es un reconocido experto en educar correctamente a los jóvenes golfistas.

Nos conocimos en la universidad. Charlie es un profesor de golf de Houston, pero ha trabajado mucho para las escuelas de *Golf Digest* a las que he pertenecido. Charlie ama el juego, y es un excelente jugador además de profesor. Cree firmemente en la importancia de la actitud del golfista, y pasamos muchas comidas masticando ideas sobre las mejores formas de pensar en golf.

Tiene un interés tanto personal como profesional en el tema, porque tiene dos hijas, Nona y Mimi. A lo largo de los años, me ha preguntado mucho sobre padres, hijos y golf.

Quería transmitir a sus hijas su amor por el juego, y una actitud de confianza que les ayudara a maximizar cualquier talento que poseyeran.

Para empezar, Charlie tenía asimilado dos principios claves. Uno es que ningún padre va a conseguir que a su hijo le guste el golf. Y el segundo es que no es nada bueno limitarlo al golf a expensas de otros deportes.

La mejor manera de introducir a un niño en el mundo del golf es sin darle importancia.

Permítale salir al campo con usted de vez en cuando, preferiblemente a última hora de la tarde, cuando hay menos gente. Déjele conducir el cochecito. Cuando esté alrededor de *green*, déjele una bola, un palo para el *chip* y un *putter*. Instintivamente, la mayoría de los niños entienden el concepto de meter la bola en el hoyo.

Recuerde que la duración de la atención de un niño es corta, probablemente muy inferior a una vuelta de dieciocho hoyos. Un padre tiene que reconocer que el primer objetivo, cuando lleve al niño al campo, es la diversión. Cuando el niño deje de divertirse, es el momento de regresar a casa.

En resumen, deje que el niño dicte la naturaleza y la duración de la experiencia. Si el niño quiere caminar, no coja el cochecito, o viceversa. Si quiere poner una bola en el *bunker* sólo por ver lo que se siente cuando se sale de allí, déjele. Si quiere averiguar si hay renacuajos en el arroyo del hoyo tres, no se lo impida. Si quiere abandonar e irse a nadar después de cinco hoyos, abandone y váyanse a nadar.

Esto significa que los padres tienen que reconocer que su juego tiene menos prioridad cuando van con su hijo. Si usted está interesado en hacer dieciocho hoyos, o en hacer un buen resultado, deje a su hijo en otro sitio.

Con mucha frecuencia, veo o escucho a padres que hacen exactamente lo contrario. Llevan el niño al campo, lo colocan en el primer *tee,* le dan un *driver,* y esperan que el niño le dé a la bola. Cuando el niño logra hacer rodar la bola fuera del *tee,* el padre cuenta "uno". Y luego, el padre hace que el hijo repita eso durante cinco horas, hasta que se haya completado todo el recorrido.

Y veo padres que no dan ninguna razón al hijo para pensar que se puede disfrutar jugando al golf. Se quejan y maldicen cuando uno de sus golpes es algo menos que perfecto. ¿Por qué querría jugar un niño a un juego que claramente convierte a su padre o madre en seres infelices, frustrados y enfadados?

En cambio, ¿qué niño no querría jugar a un juego en el que ve que los jugadores celebran sus buenos golpes y se ríen de los malos?

Algunos padres quieren jugar a Joe Sabelotodo con los hijos, corrigiéndoles constantemente el *swing*. Creo que esto es un error, especialmente al principio. Ningún niño quiere pasarse horas siendo aleccionado y corregido. Deje por un momento que el niño aprenda por mimetismo. Deje que haga el *swing* como quiera.

Evidentemente, hay una excepción con respecto a dejar

que el niño haga lo que quiera y se divierta, y es lo concerniente a la Etiqueta y el decoro. Si un niño quiere tirar los palos o cualquier otro objeto al suelo, hay que llamarle la atención de forma inmediata y firme. Aunque, generalmente, eso no debería ocurrir si no se le mantiene en el campo más tiempo del que él o ella quiera estar.

Luego, querrán enseñar al niño un *grip* sólido. Y un poco más tarde, será el momento de recibir clases. Creo que las clases colectivas son mejores, especialmente si éstas hacen que los niños compitan entre sí.

Básicamente, éste fue el método que Charlie Epps siguió con su hija mayor, Nona. Desde que se convirtió en profesor, la niña estaba siempre en campos de golf. De joven, con frecuencia salía con su padre al campo porque le gustaba conducir el cochecito. Y asistió a clases colectivas con otros chicos.

Pero a pesar de ser hija de un *pro,* Nona Epps nunca jugó una vuelta completa de dieciocho hoyos hasta el primer año del bachillerato.

Jugaba al voleibol, al softball, y participaba en carreras gran parte del año. Charlie le animaba para que lo hiciera. Le hizo ver que él estaría contento con el deporte que escogiera. El golf era uno de ellos, pero sólo en la medida que ella quisiera.

Comenzó a entrar verdaderamente en el juego cuando empezó el bachillerato, y al saber que su escuela tenía un equipo de golf, quiso formar parte del mismo. Le gustaba competir.

Desde ese momento, Charlie empezó a involucrarse más con ella. Se aseguró de que tuviera una buena base: *grip*, *stance* y *swing*. Lo importante fue que le enseñó todo eso cuando ella estaba preparada para aprenderlo, en vez de imponérselo cuando ninguno de los dos estaba preparado.

Y siempre tuvo presente lo importante que era ayudarle a desarrollar una buena actitud y un buen juego mental.

Nona y él empezaron a compartir lo que Charlie llamaba "notas positivas". Cuando Nona jugaba una competición del colegio, su padre le daba un pequeño trozo de papel para que lo llevara en el bolsillo. Podía escribirle: "Sonríe. Relájate. Juega en el presente. Diviértete. No te quejes."

"Omar" es la palabra en el código de Epps para designar un error mental, como por ejemplo olvidarse de la rutina.

Y ella preparaba notas para su padre cuando él jugaba. Escribía "Buen *grip*. Buen *stance*. Buen *swing*", en un trozo de papel que él se llevaría.

Es fantástico si un padre puede reconocer que la comunicación con un hijo es un proceso en ambos sentidos. Me gusta cuando los padres dejan que sus hijos les den consejos sobre la caída del *putt*. Creo que los padres se quedarían sorprendidos de lo que aprenderían si vieran el juego, de vez en cuando, a través de los imaginativos ojos de un niño. Más importante aún, esto ayuda a consolidar una buena y amigable relación con el niño.

DURANTE SU PRIMER año de bachillerato, Nona hizo grandes progresos. Su primera vuelta en competición fue de 123 golpes. A finales de la primavera bajó de 100 por primera vez, ganando un premio de cincuenta dólares de sus abuelos.

Desde ese momento, su interés por el golf hizo que dejara a un lado las otras actividades deportivas. Comenzó a jugar al golf durante todo el año.

Cuando esto le sucede a un niño, es algo grandioso, siempre que el deseo venga del niño, y no del padre.

Los niños, tengan la edad que tengan, no aguantan mucho tiempo jugando al golf y practicando. Se hartan si alguien se lo impone, y dejan de divertirse.

Desde ese momento, Charlie y su mujer comenzaron a llevar a sus hijas al campo de golf los domingos para que hicieran una vuelta. Inventaban pequeñas competiciones para Nona y Mimi: a ver quién podía dejar el *chip* más cerca, o quién podía dar el *drive* más largo.

Charlie empezó a ser un poco más exigente con Nona. Le enseñaba un golpe y esperaba que ella lo trabajara en el campo de prácticas. Si no lo hacía, él mostraba una cierta frustración.

Pero no le obligaba a ir demasiado lejos o demasiado deprisa. Durante el bachillerato, muchos padres quieren que sus hijos tomen parte en competiciones nacionales. Por una razón, y es que saben que los entrenadores de golf de las universidades están presentes en esas competiciones, y otorgan becas a los chicos que lo hacen bien.

Existe incluso un cierto número de camuflados. La USGA, por ejemplo, puede decir que sólo las chicas con *handicap* inferior a seis pueden participar en un evento concreto. Algunos padres harán lo que sea para reducir los *handicaps* de sus hijos por debajo del límite exigido, o para conseguirles un pase.

Charlie no hizo eso. Nona nunca tomó parte en competiciones *junior* de la USGA.

Creo que es una buena idea. Los *managers* de boxeo, según mi punto de vista, siempre han seguido una estrategia muy sabia para potenciar una joven promesa. Nunca le ponen enfrente un boxeador mejor. Es más, pecan de lo contrario, colocándole boxeadores inferiores. Les permiten ganar muchos combates contra patanes para que adquieran confianza, antes de enfrentarles a alguien del mismo nivel que ellos.

Del mismo modo, los jóvenes golfistas pueden beneficiarse de competiciones fáciles. Creo que es mucho mejor que un chico o chica gane torneos locales, en lugar de perder de mala manera torneos nacionales. Perder no es divertido para muchos chicos. Es una razón posible para que se harten. Habrá tiempo suficiente más tarde para aprender que vivimos en un mundo competitivo, y que no hay nadie que gane siempre.

Durante su segundo año de bachillerato, Nona hizo algo especialmente remarcable. Hacía resultados de 90, hasta que un día hizo 80. Mejoró su anterior resultado en diez golpes menos.

Esto me dice mucho sobre la actitud que Charlie enseñó a su hija.

Primero, le enseñó a jugar en el presente. Ella no sabía cuántos golpes había dado hasta que los sumaba al final de la vuelta.

Además, no tenía ningún resultado mental que batir. Cuando un golfista ha estado jugando durante un tiempo, empieza a considerarse un jugador que ronda los 90 golpes, o los 80. Si empieza a mejorar de forma palpable, y no consigue mantener su mente centrada en el presente, puede distraerse con su propio resultado, quizá por la sensación de que juega por encima de sus posibilidades; y está destinado a volver a su nivel habitual, a su nivel de confort.

Nona nunca tuvo ese problema. Cuando sentía que estaba jugando bien, continuaba jugando bien.

No sólo eso. Charlie jamás enfatizó los resultados con ella. Ciertamente nunca dejó que su actitud hacia Nona se viera afectada por los resultados que ella hacía. Ella sabía que si hacía 80 ó 180, su padre le preguntaría únicamente si se había divertido, y si había llevado a cabo su rutina.

Al año siguiente, Nona bajó de 80 por primera vez en competición, haciendo 78. Todavía no era consistente, pero comenzó a destacar como una de las mejores chicas del bachillerato de Texas. La media de sus resultados era de ochenta y pocos, aunque de vez en cuando hacía un 74 ó un 73.

El golf se convirtió en la única prioridad de su vida. Nona quería ir a la Universidad Cristiana de Texas, y allí es a donde fue a parar, a pesar de no haber recibido ninguna beca de golf. Recibió algunas cartas de pequeñas escuelas interesadas en ficharla para sus equipos de golf, pero a ella no le interesaron. Charlie lo aceptó. Ante todo, no quería que ella tuviera la presión de justificar una beca de golf.

Nona no jugó al golf durante su primer año de universidad. Quería aclimatarse a las asignaturas académicas. Quería formar parte de una hermandad y divertirse. Hizo todas esas cosas.

Al comienzo de su segundo año, intentó entrar en el equipo de golf, y lo consiguió. Luego, se enfrentó a una competición clasificatoria de cuatro vueltas para chicas que querían entrar en el equipo que viajaría a Nebraska para jugar un gran torneo universitario.

Nona hizo 77 y se colocó primera. Su segunda vuelta fue de 79. Pero en la tercera vuelta elevó el resultado a 88. De repente, la oportunidad de formar parte del equipo que viajaría se desvanecía.

Cuando llamó a casa tras el 88, Charlie sólo le dijo, "ve a por ellas mañana".

Las chicas de la Universidad Cristiana de Texas jugaron la vuelta final en Mira Vista Golf Club, un campo difícil diseñado por Tom Weiskopf y Jay Morrish, a las afueras de Forth Worth.

En el primer hoyo, Nona jugó una madera 3 y un hierro 5 y se quedó a borde de *green*. Metió un largo *putt* y sintió una explosión de confianza. Continuó con otro *putt* de *birdie* en el tercer hoyo. Confiaba en su golpe de *putt*. Miraba la línea y golpeaba la bola.

En el hoyo 4, dejó la bola a dos metros y medio, quedándole otro *putt* de *birdie*, que le pondría tres bajo par. *"Mételos cuando tengas una oportunidad"*, se dijo recordando lo que su padre le había enseñado. Luego otro pensamiento se infiltró en su mente: *"Voy dos bajo. A lo mejor he gastado mi reserva de* birdies".

Con esa idea en mente, falló el *putt*. Seguidamente hizo algo inteligente. Se enfadó consigo misma por romper su rutina mental en el *putt* de *birdie*, por golpearlo con dudas. Y decidió no repetir el error.

Hizo un *bogey* y un *birdie* en lo que le quedaba de vuelta, y acabó los primeros nueve con 32, dos bajo par. La primera vuelta tenía par 34 porque uno de los hoyos tenía un *green* provisional y se jugaba como par tres.

Era la primera vez que jugaba nueve hoyos bajo par. Se sacó esa idea de la cabeza y, en el hoyo 10, un par cuatro cuesta abajo de 327 metros, salió perfectamente con el *drive*, quedándole un hierro 9 de segundo golpe a *green*.

Nona llevó a cabo su rutina. Se puso detrás de la bola, para visualizar el golpe. Luego se ajustó la visera. Miró al objetivo, y encontró otra referencia en la misma línea, a pocos centímetros de su bola. Cogió el palo con la mano derecha, lo alineó, se puso en *stance* y completó el *grip*.

Estando colocada, tuvo una pequeña iluminación. Se acordó de la vez que jugaba una vuelta con Charlie, y casi podía escuchar de nuevo lo que su padre le había dicho cuando jugaba un *chip* cuesta abajo, similar al que tenía: *"Estoy impresionado por tu forma de jugar ese golpe"*.

Con ese elogio de su padre en la mente, hizo el *swing* y elevó la bola por el aire. Cayó a treinta centímetros de la bandera y se quedó clavada.

Creo que los padres se quedarían impresionados de las veces que algo que han dicho en un momento crítico queda grabado en la mente de sus hijos. Si supieran la frecuencia con la que esto sucede, irían con más cuidado y se esforzarían en transmitir ideas más positivas y útiles.

Nona metió el *putt*, y se puso tres bajo par. Hizo otro *birdie* en el 11, luego un *bogey* en el 13, un largo y difícil par cuatro. En el 14, hizo *eagle* metiendo un *pitch* desde sesenta metros.

Dos hoyos más tarde, la vuelta fue interrumpida. Por previo acuerdo, Nona tenía que llevar en coche a una compañera de vuelta al campus de la universidad para una clase de última hora.

Muchos jugadores hubieran utilizado eso como excusa para jugar mal los dos hoyos restantes. Se habrían quejado de la desgracia de haber tenido que cortar en seco una gran vuelta justo cuando iban a bajar de 70.

Nona no lo hizo. Puso unos *blues* en la radio del coche mientras iba y volvía del campus, pensando que eso le ayudaría a mantener el buen ritmo que había llevado ese día. Al atardecer, volvió al campo y acabó a tiempo.

En la primera vuelta comprometida de su carrera universitaria, bajó del par del campo por primera vez en su vida. Hizo 65, bajando también por primera vez de la barrera de los 70 golpes.

Como dije, su padre le enseñó a no tener un nivel de confort.

DESDE LUEGO QUE una vuelta no hace una carrera. Nona logró entrar en el equipo de su universidad, y viajó a Nebraska para disputar el campeonato. Hizo mal tiempo, y pasó frío. No pudo bajar de 80. Aún tiene mucho que aprender acerca de la consistencia, y sobre cómo jugar en condiciones adversas.

El siguiente reto será mantener una actitud suelta y optimista, incluso si se fija un verdadero compromiso para ver lo buena que puede llegar a ser en golf. Es relativamente fácil ser positivo cuando el golf es un *hobby*. Pero si se convierte en el trabajo principal, o en la pasión de la vida, se hace más difícil sonreír ante malos botes y saltos de rana.

De momento, Nona y su padre han construido una base sólida y con fundamento.

16.

Cómo Pat Bradley acabó su vuelta de honor

El deportista más ejemplar con el que haya trabajado no parece que debiera pararse a echar un vistazo a los escaparates de unos grandes almacenes.

El estereotipo generalizado de deportista ejemplar y mentalmente duro es el de un tipo muy macho: como un defensa de fútbol americano preparado para placar al *quarterback* el domingo por la tarde. No hay muchos periodistas deportivos que asocien intensidad y dureza con la imagen de una mujer de complexión débil, prematuramente canosa, y con una tímida y modesta conducta. Pero la dureza mental no tiene género. Pat Bradley tiene una complexión débil, es tímida y modesta. Pero tiene tanta fuerza interior, que puede dejar a uno parado cuando decide revelarla. Tiene una de las mentes más duras que jamás he visto en un ser humano.

Cuando Pat vino por primera vez a verme, llevaba participando en el Circuito de la LPGA alrededor de diez años.

Acababa de ganar una serie de campeonatos, incluido el Abierto Femenino Americano. Pero fue lo que contó de ella misma lo que me impresionó.

No quería hablar de las veces que había ganado, sino de las veces que había quedado segunda. Quería saber cómo podía convertir aquellos segundos puestos en primeros. Ella sabía que, independientemente de lo bueno que sea un jugador, siempre se enfrenta a dos alternativas. Mejorar, o estancarse.

Y Pat quería mejorar, porque tenía grandes sueños y una enorme ambición. Quería ganar más torneos, especialmente torneos grandes. Quería ser la Jugadora del Año. Quería estar en la Sala de la Fama de la LPGA. Me gusta trabajar con deportistas que sueñan.

Lo que más me impresionó fue el motivo por el que Pat pensaba que podía hacer semejantes cosas. Nunca había sido un prodigio, una de las chicas de oro de la USGA. Creció en New Hampshire y en Massachusetts, hija de un hombre que regentaba una tienda de deportes especializada en esquí. Las temporadas de golf en Nueva Inglaterra son relativamente cortas, y como jugadora *junior* no se podía igualar con sus compañeras de California y del Sur, que podían jugar todo el año. Era, tal y como le gusta decir, una "patán local". Hasta que no pasó dos años en la Universidad Internacional de Florida no pensó que su juego pudiera ser lo suficientemente bueno para entrar en la LPGA.

Incluso entonces, no tenía ningún talento físico especial que la caracterizara. Su distancia con el *drive* era de 207 metros, la media en la LPGA. Y la bola no le rodaba con la suavidad que caracteriza a un gran maestro del *putter* como Ben Crenshaw o Nancy López.

Pero lo que Pat tenía era el convencimiento del poder de su mente. Sentía que era capaz de ver cada golpe antes de darlo, de desear que la bola se metiera en el hoyo. Y esta determinación puede hacer mucho más que compensar la falta de pegada desde el *tee*.

Pat ya había descubierto la mayor parte de lo que enseño a los golfistas sobre el aspecto mental del juego, por lo que me resultaba todo un reto encontrar métodos para ayudarla a mejorar aún más.

Mencionó que cuando se encontraba con la posibilidad de ganar durante un torneo, empezaba a sentir físicamente los síntomas de los nervios. Notaba mariposas en el estómago y eso le daba miedo.

Le dije que aceptara las mariposas. Significaban que ella estaba donde se suponía que tenía que estar. Había trabajado muy duro para ser lo suficientemente buena como para encontrarse con posibilidades de ganar. La embestida de los nervios corroboraba que su intenso trabajo redimía cuentas.

A Pat le gustó la idea, y la empleó para intentar sentirse cómoda tanto en el liderato como en la lucha para lograrlo.

Le gustó otra idea que le mencioné. Le dije que nuestros cuerpos y mentes son, al menos en un sentido, como los ordenadores. Los datos que recibe el ordenador inevitablemente se verán reflejados en los datos de salida.

Esto reforzó su habilidad para ver los golpes antes de darlos. Creía que podía ganar porque tenía la mente más fuerte, la mejor habilidad de visualizar golpes buenos. Llenaba su cabeza únicamente de ideas positivas.

Entonces entró en racha. En 1986, ganó el Dinah Shore, el LPGA y el Du Maurier. Perdió el Abierto Americano Femenino por pocos golpes. Era lo más cerca que una mujer de la LPGA había llegado a estar del Grand Slam. Completó su sueño de ser la Mujer del Año. Luego, lo hizo de nuevo en 1991.

En aquellos años, Pat jugaba con los ojos. Sin importarle donde enviaba su bola, pensaba calmada y confiadamente en dejar el siguiente golpe donde ella quería. Embocaba *putts* desde todas las esquinas. Hacía pares desde el bosque, desde el agua, desde *bunker*. Daba igual. Se veía como Houdini, capaz de escabullirse de cualquier situación. Sin importarle los golpes de diferencia con respecto a la primera, creía que podía recuperarlos. Y con esa actitud triunfaba con frecuencia. En un torneo de 1986, y con un ejército de dieciséis jugadoras de elite, empezó la vuelta final en última posición, a siete golpes de la líder. Hizo 63 y ganó.

Tenía mucho en común con Ben Hogan. Ninguno de los dos era un gran jugador en sus inicios. Necesitaron mucho tiempo para llegar a la cima. Al igual que Hogan, la disciplina de Pat era tan intensa que no se paraba a charlar con los demás. Tenía fama de jugadora severa y callada, aunque esa era una imagen distorsionada. Tal y como Pat me dijo una vez: "Desde que doy la primera salida hasta que acabo, siempre estoy hablando. Entablo un constante conversación silenciosa conmigo misma".

Lo que pasaba era que la gente no la podía oír, ni compartir lo que decía.

EN AQUELLOS AÑOS, a veces me preocupaba lo dura que era Pat consigo misma. No podía dejar el juego en el campo. Tan pronto como acababa una vuelta ya estaba pensando en la siguiente, planeando cada golpe de cada hoyo. La mayoría de las veces, cenaba sola en su habitación. Y como compañía, ponía ocasionalmente la televisión para ver algún partido de los Red Sox o de los Celtics.

Según sus propias palabras, Pat tenía un profundo miedo al fracaso. Si jugaba mal, lo que le preocupaba era decepcionar a la gente: a su padre, al resto de su familia, a sus *fans*. Aunque sabía de sobra que su familia y amigos la juzgarían del mismo modo, tanto si ganaba como si perdía. A pesar de sus innumerables logros, era inexorablemente autocrítica. Si hacía 68, se conformaba. Si hacía 75 se producía un cataclismo en su mente.

Le dije que debía darse palmadas en la espalda con más frecuencia por las grandes cosas que había realizado. Pero Pat encontró que era muy duro hacer eso. No había la menor duda de que su intensidad le estaba ayudando a ganar torneos. Y eso era lo que quería por encima de todo.

En 1987, cayó víctima de la enfermedad de Graves, pero continuó obligándose a conseguir buenos resultados. Esta enfermedad afecta la glándula tiroidea. En Pat, se manifestó con temblores de manos, escalofríos en el cuerpo y un debilitamiento general. En el campo, tenía que cambiar su posición en la colocación, porque le preocupaba que el temblor de manos pudiera inadvertidamente hacer mover la bola con el palo. Se alejaba de las otras jugadoras cuando se tomaba un vaso de agua, por miedo a que vieran como chapoteaba el líquido en el vaso. En los aeropuertos, apenas podía dar el primer paso para entrar en el coche de cortesía.

Pero no se lo contaba a nadie para no mostrar su debilidad. Durante casi un año, se decía a sí misma que lo que necesitaba era un descanso, que estaba trabajando muy duro, o incluso que estaba creando los síntomas psicosomáticamente.

Finalmente, durante una estancia en Dallas a comienzos de 1988, llamó a un amigo, el Dr. Skip Garvey. El doctor dejó que describiera sus síntomas durante cinco minutos, y le mandó un análisis de sangre. Al día siguiente, cuando le dijo que estaba físicamente enferma, Pat se sintió muy contenta, como si acabara de ganar un torneo de golf. Por lo menos había algo que realmente no funcionaba en ella. Al menos, ella no había fallado. Sólo era su cuerpo. Y existía un remedio.

Su enfermedad demostró que la calamidad puede hacer caer a un deportista, sin importar lo mentalmente fuerte que pueda llegar a ser. La dureza no es invulnerable, pero puede ayudar a superar una calamidad. Y eso fue lo que hizo con Pat.

Siguió un tratamiento de radiación y empezó un régimen de medicación. Gradualmente, ella y sus médicos cercaron la enfermedad. En 1989, comenzó a ganar de nuevo. Su objetivo prioritario, la Sala de la Fama de la LPGA, volvió a ponerse a tiro.

La Sala de la Fama de la LPGA es el santuario más exclusivo en deporte. Nadie sale elegido. Para entrar, un jugador tiene que ganar treinta torneos de la LPGA, incluyendo dos grandes. De forma comparativa, si se utilizara el mismo criterio para el circuito masculino, sólo un jugador en activo –Tom Watson– poseería las suficientes victorias para clasificarse. Nadie más estaría cerca.

En 1991, Pat entró en otra racha , ganando cinco torneos y los honores para ser la Jugadora del Año de nuevo. En el otoño de ese año, ganó dos torneos seguidos, para llegar a su vigésimo novena y trigésima victoria. La penúltima victoria, el Safeco Classic, fue un típico triunfo de Bradley. Hizo *birdie* en el hoyo setenta y dos para empatar a Rosie Jones con 280 golpes. Volvieron al *tee* del hoyo 18, un par cinco, para disputar el desempate. Pat hizo un *slice* de salida y envió la bola a un arroyo. Dropó, jugó una madera, luego un golpe entero con un hierro 9, y metió un *putt* de cinco metros y medio para par, y mantenerse en el desempate. Hizo *birdie* en el siguiente hoyo para ganar. Realmente era como Houdini.

Cuando ganó la semana siguiente, por fin entró en la Sala de la Fama. Ya no tenía nada que demostrar.

Y cuando esto sucedió, dejó de ganar.

–Estaba agotada –me dijo Pat. El esfuerzo mental que le empujaba a ganar torneos de golf y la disciplina de asceta le habían exprimido mucho. Tras haber logrado entrar en la Sala de la Fama, se dijo a sí misma que podía descansar.

Miró a su alrededor, y decidió que había otras cosas en su vida a las que prestar atención. Su relación con las demás compañeras de competición había sido respetuosa, pero generalmente distante. Empezó a cultivar amistades, saliendo a cenar. Charlaba un poco en el campo, e incluso disfrutaba de las caras de extrañeza que ponían las otras jugadoras cuando la veían hablar y sonreír durante una vuelta.

Sin embargo, ese ligero cambio en su personalidad afectó a su golf. *Putts* que hubiera metido en 1986 y 1991 se le escaparon en 1992 y 1993. La confianza en su habilidad de meter la bola en el hoyo titubeaba. Sin esa brillante intensidad y sin habilidades físicas era la decimonovena en la lista de ganancias.

Le dije que no se preocupara. Estaba atravesando el equivalente psicológico a la vuelta de honor. Es totalmente natural que los deseos de una persona cambien al tiempo que progresa su vida. Cuando acabara la vuelta, cuando hubiera saboreado el triunfo el tiempo suficiente, sabría lo que tenía que hacer para volver a ganar.

Un par de años después de su ceremonia de entrada en la Sala de la Fama, Pat me llamó. Había decidido que su vuelta de honor se había acabado.

–Ha sido divertido, Bob –dijo ella–. Pero no quiero desaparecer de la tierra. No me importa si no gano siempre, pero quiero ser de nuevo una de las diez mejores jugadoras.

Entonces, empezamos a hablar de los métodos para equilibrar su dedicación al golf con la personalidad alegre y amigable que había mostrado desde 1991. Empezamos a hablar de cómo podía ganar, sin cansarse ni aislarse. Si conseguía adaptarse podría conseguir ambas cosas.

El primer paso a seguir era un pequeño y breve programa. Durante su mejor época, Pat jugó muchos torneos. Por norma general, jugaba seis torneos del circuito seguidos. Y notaba que estaba en plena forma sólo en las últimas tres semanas.

Hablamos de jugar no más de tres semanas consecutivas sin descansar. Le dije que el truco estaba en olvidarse de utilizar los dos primeros torneos como calentamiento. Tenía que encontrarse lo mejor posible desde el primer día del primer torneo.

Hablamos de aprender a dejar el juego en el campo de golf. Le animé a que siguiera cosechando amistades, a que ayudara a jóvenes golfistas, a que compartiera lo que había aprendido. Con ello estaría devolviendo algo al juego, al igual que se estaría ayudándose a sí misma. Incluso aún podría tomarse un cierto tiempo cada noche para pensar en la vuelta del día siguiente, visualizando los golpes.

En el campo, notaba que Pat ya no necesitaba pasar todo el día como en una habitación aislada. Podía charlar con sus compañeras competidoras y con el público, y podía jugar bien si era capaz de aprender a modificar su rutina anterior al golpe. Necesitaba introducir un paso en la rutina que consistía en sacarse de encima todas las distracciones externas, e introducirse en su antigua e intensa forma de pensar. Tenía que aprender a conectar y desconectar.

Ésta es una lección importante para cualquiera que espera jugar un golf de competición, y mantener una familia y una vida social.

Un golfista tiene que aprender a poner cada cosa en su sitio. Los jugadores más felices son aquellos que lo hacen.

A LO LARGO del año pasado, Pat trabajó duro para encontrar este equilibrio en su vida. Está empezando a saldar cuentas.

Comenzó la temporada pasada con un gran juego después

de estar practicando durante el invierno. Se había tomado en serio mi consejo de que, si iba a jugar menos torneos, tenía que estar preparada cada vez que llegaba al *tee* del uno. No podía permitirse ir adquiriendo la forma a medida que jugaba.

Cuando se encontraba en el campo de prácticas antes de su primera vuelta de la temporada, en el Torneo de Campeones de Chrysler-Plymouth en el campo de Grand Cypress en Orlando, Pat estaba dándole muy bien a la bola. Pensó: "*¡Sonó la campana!, estoy preparada*". Se sentía arrogante.

Y acabó con un 79.

Esa noche derramó lágrimas de frustración. Luego, recobró la fuerza. "*Pat, todavía te quedan tres días más*", se dijo a sí misma. "*Puedes saltar desde atrás. Lo has hecho antes.*"

Durante los tres días siguientes, utilizó el doloroso 79 para pincharse a sí misma, y jugó un excelente golf. Acabó el campeonato empatada en tercera posición.

Las jugadoras se quedaron en Orlando para disputar el siguiente torneo, el HealthSouth Inaugural, en el campo de Eagle Pines, en Disney World. Pat comenzó con un 71 y un 72, pero había que decir que el campo estaba difícil por el tiempo frío y ventoso. Iba a tan sólo dos golpes de la líder, Beth Daniel.

Al empezar la última vuelta del torneo de cincuenta y cuatro hoyos, se sintió relajada y libre de toda presión. Pensó que, después de haber pasado tres años sin ganar, nadie esperaría de ella que adelantara a Daniel. Sólo Pat sabía lo cerca que estaba para recobrar la forma que había tenido en 1986 y 1991.

Golpeó a la bola maravillosamente en los nueve primeros, cogiendo cada calle y cada *green*. Pero los *greens* eran de Bermuda, y sólo metió un *putt* de *birdie*, a pesar de tener algunos de metro y medio, y media docena de menos de cuatro metros y medio.

Pat fue paciente. Puede parecer contradictorio, pero durante sus intensos años triunfantes siempre fue capaz de ser paciente, y durante los años de la vuelta de honor, cuando su intensidad no era tan buena, era menos paciente. Acababa devolviendo el *putter* a su bolsa a empujones cuando se sentía descontenta con su actuación en los *greens*.

De hecho, no existe contradicción alguna. Cuando se encontraba en su momento de mayor intensidad, Pat se sentía incluso más confiada. Un jugador que juega con confianza se encoge de hombros cuando falla un *putt,* y se imagina que el fallo sólo incrementa la posibilidad de que entre el siguiente.

Así era cómo se sentía Pat aquella tarde del domingo en Florida.

Hizo *birdie* en el 11 y en el 12 para colocarse líder con cuatro bajo par. Pero Daniel, que jugaba detrás de ella, recuperó con *birdie*s en el 14 y en el 15. Iban empatadas.

Pat dio un perfecto *drive* en el 17, un desagradable par cuatro con un *green* alargado que se inclinaba desde el frente hasta el fondo, con un lago a la izquierda y un *bunker* a la derecha.

Su segundo golpe tenía que ser tan bueno y lo suficientemente largo para pasar por encima del borde del *bunker*, pero no muy largo como para rodar hacia la pendiente y salirse por detrás del *green*. El viento estaba a favor, haciéndolo aún más difícil.

Pat siguió su rutina, visualizó el golpe que quería hacer, y dio lo que más tarde describió como un "una auténtico hierro 6, puro como la nieve recién caída". Aterrizó suavemente en el *green* y se paró cuatro metros y medio pasado el hoyo. Le quedaba un *putt* cuesta arriba y con caída de derecha a izquierda. Lo jugó con decisión y le dio la victoria.

Estaba de vuelta.

PAT CONTINUÓ haciendo prácticamente lo que me dijo que quería hacer en 1995. Limitó sus salidas al circuito a tres o cuatro semanas. Acabó en el puesto once en la lista de ganancias. Había estado entre las diez primeras casi una docena de veces. Jugó con opciones de triunfo en el Abierto Americano, y mantuvo su vida equilibrada.

Ahora, a mediados de sus cuarenta, ha empezado a hacer pesas durante las semanas que no está en el circuito. Me cuenta que se siente más fuerte ahora que cuando empezó como profesional. Creo que el ocaso de su carrera se ha convertido en un brillante amanecer.

17.

Cómo Claude Williamson llegó del Stumpy Lake a Las Cascadas

CUANDO UN GOLFISTA que conozco llamado Claude Williamson caminaba hacia el primer *tee* de salida en un partido de cuartos de final en el Campeonato Senior de Virginia del verano del 95, venía de recorrer un largo camino.

Los retos con los que se enfrentaba esa mañana eran formidables. El primero era que el torneo se jugaba en el campo de Las Cascadas en Homestead, en las montañas de Hot Springs.

Las Cascadas es uno de los clásicos campos americanos. Comenzó albergando torneos de la USGA nacional en 1928. Las calles son estrechas e inclinadas, los *greens* son resbaladizos, y hay una arroyo que entra en juego en media docena de hoyos. Exige una buena estrategia de juego, un *swing* confiado y mucha paciencia.

Pero lo más preocupante para Claude era su oponente, Moss Beecroft, un hombre cuyo linaje en el golf de Virginia es casi tan largo y distinguido como el de Homestead. Durante años, Moss había jugado y ganado torneos en campos como Las Cascadas. Era el que defendía el título de campeón.

Pero los desafíos que presentaban Moss Beecroft y Las Cascadas, tal y como habría dicho el propio Claude, eran pequeños en comparación con aquellos que había superado para conseguir llegar hasta ahí.

CLAUDE WILLIAMSON CRECIÓ en el área de Tidewater de Virginia, pero de pequeño nunca pisó un campo de golf. Se licenció en la Universidad Técnica de Virginia en ciencias químicas y se alistó en el Ejército. Le enviaron a la ciudad de Nueva York, a un laboratorio médico. Se casó, vivió en Queens, y luego se trasladó a Manhattan.

Probablemente, hay cientos de virginianos que habían jugado al golf de jóvenes, que se trasladaron a Nueva York, y tuvieron que abandonar el juego. Sin duda, también ha habido miles de neoyorquinos que nunca jugaron de jóvenes, se trasladaron a Virginia, y se iniciaron en el golf. Pero Claude puede ser el único virginiano que se trasladó a la ciudad de Nueva York y emprendió el juego allí. Unas Navidades, su mujer le regaló un juego de hierros. Se embarcó en la carrera del golf a los veinticuatro años.

Al igual que miles de jugadores neoyorquinos, Claude y un amigo se levantaban mucho antes del amanecer los fines de semana para ir al campo público de Brooklyn, donde hacían cola para coger una hora de salida. No recibió clases. Golpeaba la bola, la perseguía y se sentía frustrado. Sus resultados oscilaban generalmente entre 110 y 120.

Cuando dejó el Ejército, volvió a Virginia, estableciéndose en una vecindad donde la mayoría de los hombres jugaban al golf, y quedaban los fines de semana para jugar juntos y tomar alguna que otra cerveza. Claude pronto se unió a ellos. Jugaban en campos públicos en el área de Norfolk, en sitios como Lake Write, Suffolk Country y Stumpy Lake. Allí fue donde comenzó su educación golfística.

Comenzó a recibir clases de un viejo profesional del circuito llamado Claude King. Su forma mejoró, y empezó a hacer resultados de noventa y pocos, y de ochenta y largos. Luego, empezó a jugar en un club de golf llamado el Bide-A-Wee, regentado por otro viejo profesional de circuito llamado Chandler Harper. El nivel de juego de los golfistas de Bide-A-Wee era notablemente más alto. Claude Williamson siguió tomando clases ocasionales y practicando, y en pocos años su *handicap* descendió hasta llegar a tener un solo dígito.

Había descubierto, más o menos por fortuna, algunos de los secretos para mejorar en golf. Tomó clases y las siguió con atención. Practicaba un par de veces a la semana después del trabajo. Reconoció que mejorar era un proceso a largo plazo. Más importante aún, hizo lo que pudo para rodearse de jugadores que le retaban para mejorar.

El progreso de Claude al romper la barrera del 80 prueba que existen verdaderas esperanzas para los golfistas que han empezado a jugar de adultos, y se han encontrado en campos públicos incapaces de romper el 100.

Es cierto que empiezan en desventaja con respecto a los afortunados que aprendieron el juego de pequeños. Pero también es verdad que no tienen la opresión de los malos recuerdos. No guardan un registro de años de sufrimiento, de *putts* fallados y de *drives* con *slice*. Carecen de malos hábitos.

No se han formado una idea fija de ellos mismos como golfistas. Veo a mucha gente que ha jugado al golf durante bastante tiempo y se ha estancado en resultados perennes de ochenta o noventa. Se autolimitan.

Claude no lo hizo.

Se dio cuenta pronto de que tenía que trabajar tanto su

habilidad física como su mente, y se mantuvo abierto a cualquier tipo de consejo útil que le ayudara a desenvolverse mejor por el campo.

Un día, jugando con Chandler Harper en el Bide-A-Wee, Claude dio un mal golpe y comenzó a maldecirse.

–Claude, ¿qué *handicap* tienes? –le preguntó Harper.

–Siete –replicó Claude.

–Pues bien, hasta que no hayas dado siete golpes malos no puedes molestarte contigo mismo –le dijo Harper.

Claude recordó ese consejo, y lo puso en práctica durante años.

Contaría los malos golpes y se recordaría que no tenía derecho a enfadarse hasta que no sobrepasaran su *handicap.* Y no por casualidad, descubrió que cada vez se enfadaba más tarde en la vuelta.

Descubrió que podía mejorar los mecanismos de su *swing* viendo la televisión. Al principio, seguía los torneos televisados. Observaba las posiciones que los buenos jugadores tomaban en los distintos puntos de su *swing*, e intentaba copiarles.

Luego encontró un vídeo sobre *swing* realizado por Al Geiberger, y decidió tenerlo como modelo. Compró una cámara de vídeo y grababa su *swing.* A continuación, ponía la cinta de Geiberger en una televisión y la de su *swing* en otra, y las miraba simultáneamente. Intentó igualar la subida, la posición de las manos, el *followthrough* y el ritmo de Geiberger.

No recomiendo este uso de cintas de vídeo a nadie. Mucha gente se ve en una cinta de vídeo y dice: “No puedo creer que mi *swing* sea así de malo”. La cinta daña su confianza. Sin embargo, otros como Claude encontraron que este sistema les ayudaba. Lo importante es que encontró algo que le resultaba útil, que no le confundía y que lo asimilaba perfectamente.

Como resultado, su *handicap* continuó bajando, hasta llegar a ser casi un jugador *scratch*. Le ha costado veinte años de constante esfuerzo llegar ahí, pero lo ha hecho.

Un día, Claude se trasladó a Charlottesville, que es donde le conocí. Competimos en algunos torneos de la ciudad. Charlamos en varias ocasiones, casualmente acerca de las diferentes actitudes que le ayudarían a continuar mejorando.

Coincidí con él justo el verano pasado en un campeonato, cuando me pidió que le firmara un autógrafo en un ejemplar de *El golf no es el juego de la perfección*. Claude fue muy amable al decirme que el libro le había ayudado.

Primero, le recordó la importancia que tiene la rutina anterior al golpe.

Después de leerlo y de pensar lo que se adaptaba mejor a él, Claude desarrolló una expresión que llamó "aag", un anacronismo para "alinearse, apuntar y golpear." Es un excelente resumen para retener los componentes básicos de una buena rutina. Colocaba el cuerpo siempre de la misma forma. Escogía el objetivo, apuntaba hacia él, y sin mucha dilación hacía el *swing*.

Segundo, el libro le recordó que tenía que seleccionar objetivos pequeños. Claude tenía el hábito de apuntar a lugares amplios, tales como el centro de la calle. Comenzó a apuntar a ramas concretas, o a las esquinas de los *bunkers*.

Tercero, el libro le recordó que tenía que confiar en su *swing* cuando jugaba. Si daba un mal golpe, en vez de empezar a cuestionar los mecanismos e intentar dirigirlos, Claude decidió intentar con más insistencia asimilar la rutina mental anterior al golpe.

Finalmente, el libro le refrescó la memoria sobre lo que Chandler Harper le había dicho años atrás referente a aceptar los resultados de cualquier golpe, sin importar dónde vaya a parar. A partir de ese momento, no dejó que los *putts* fallados le hicieran enfadarse y afectaran su concentración en el siguiente *tee*.

Como resultado de todas estas cosas, adquirió algo más de consistencia.

CLAUDE ACABÓ DE leer *El golf no es el juego de la perfección* justo cuando estaba listo para partir hacia el Campeonato Amateur Senior de Homestead y de Virginia.

Le resultó imposible llevar a cabo el período de práctica que normalmente desarrolla antes de un campeonato importante. Claude trabaja en una compañía de seguros, y un mes y medio antes de que empezara el campeonato, pidieron a su compañía que se encargara de la póliza de seguros de los empleados discapacitados de la Universidad de Virginia. Se encontró con tanto trabajo, que apenas tuvo tiempo para entrenar. De hecho, Claude había tenido que borrarse del campeonato Amateur del Estado porque no pudo dejar el trabajo.

Con frecuencia, he visto que circunstancias como éstas pueden realmente ayudar al jugador que básicamente está bien preparado. Si dispone de mucho tiempo para practicar, puede trabajar tanto que llegará a un torneo bien preparado, pero puede volverse demasiado tenso y perfeccionista.

Pero si las circunstancias le impiden llevar a cabo el entrenamiento anterior al torneo, estos jugadores pueden disminuir sus expectativas, relajarse, y realmente jugar mejor. Todo depende de cada individuo.

Cuando llegó a Homestead, Claude siguió otro consejo que había sacado de *El golf no es el juego de la perfección:* recorrió el campo de atrás hacia delante. Observando los hoyos desde el *green* hacia el *tee*, percibía mejor el ángulo óptimo del golpe de *approach* a cada *green* y el área de aterrizaje de cada *drive*.

También podía ver dónde la inclinación de una calle hacía que el área de aterrizaje fuera más restringida de lo que parecía desde el *tee*. Por ejemplo, en los dos primeros hoyos las calles caen exageradamente de izquierda a derecha. Eso significa que un *drive* hacia el lado derecho puede acabar en problemas. Se llevó un librito de distancias y lo marcó a lápiz, basándose en la forma en la que quería jugar cada hoyo.

Claude hizo 75 y 78 en la fase clasificatoria *medal play* del campeonato y acabó octavo. A partir de aquí el campeonato se jugó a *match-play* y ganó sus dos primeros partidos 7 a 5. Esto le situó en los cuartos de final contra Moss Beecroft.

Con frecuencia, es duro para un jugador que carece de credenciales enfrentarse a otro jugador con un largo historial. Podría ser el campeonato del club, o ser el último jugador, que ha entrado en el cuadro principal, que se va a enfrentar al individuo que lo ganó los tres años anteriores. Podría tratarse del Abierto Senior Americano, y ser usted Larry Laoretti compitiendo contra Jack Nicklaus. El problema es el mismo.

Si es alguien con el que usted no ha jugado nunca, es mejor que no deje que sus credenciales le afecten. Necesita pensar que usted es mejor que él, hasta que él demuestre otra cosa.

A veces pregunto a los jugadores que creen que no pueden ganar lo siguiente: "Entonces, ¿quién crees que va a ganar?, ¿en quién crees más que en ti mismo?"

Es una pérdida de tiempo proponerse ser bueno, practicar de forma consistente, y luego salir y creer más en alguien que en uno mismo. Ante todo, un jugador tiene que entrar en un torneo con la actitud de que es mejor que cualquiera, hasta que alguien demuestre lo contrario. Hay que poner la carga de la prueba en la propia competición.

Si se trata de alguien que le ha ganado las últimas diez veces, usted tiene que creer que puede presentarse al partido con una nueva actitud y, consecuentemente, con un juego nuevo. Puede que perdiera debido a su antiguo juego y a su antigua actitud, pero eso no significa que lo hará con el nuevo.

Más aún, puede recordarse a sí mismo que es su verdadero oponente. **Si usted puede ganar la batalla con su mente y emociones, y jugar lo mejor posible, entonces realmente no puede perder.** Simplemente puede que averigüe que, ese día en concreto, alguien jugó mejor que usted, o que a usted le faltaron hoyos para remontar.

Claude se propuso pensar de esa forma. Se dijo a sí mismo que Moss Beecroft sólo tenía catorce palos, los mismos que él. Pero esa noche no durmió mucho.

Y no había tenido la posibilidad de sentirse confiado en el campo de prácticas antes del partido. El campo de prácticas de Homestead está lejos del primer *tee* de salida del campo de Las Cascadas, y el partido empezaba temprano. Claude se fue al *tee* sin dar antes ni siquiera una bola de práctica.

Éste es un problema con el que se encuentran muchos *amateurs.* Tienen un partido que quieren ganar como sea, pero no pueden llegar al campo con tiempo para calentar, o el campo no tiene zona de práctica.

La mejor forma de manejar esta situación es encontrar tiempo para visualizar el golpe de salida que se quiere dar. Hacer muchos *swing*s de práctica, y asegurarse de que los músculos están lo más relajados posible. Escoja el palo en el que confía; si le ha estado dando mal al *drive,* o el hoyo es estrecho, lo mejor sería dejar el *driver* en la bolsa durante algunos hoyos. Concéntrese en su objetivo y en la rutina anterior al golpe. Y sin importar lo que ocurra, no asuma que el primer golpe de salida, bueno o malo, tendrá alguna influencia sobre los golpes siguientes.

Claude le había estado dando bien al *driver,* por lo que sacó ese palo de la bolsa y lo envió exactamente donde su plan de juego había especificado. Dejó su golpe de *approach* a menos de dos metros. Aunque no metió el *putt* de *birdie,* acabó con un par fácil. Beecroft hizo *bogey.*

Cosas como ésta ocurren con frecuencia cuando un jugador con credenciales se encuentra con un jugador que carece de ellas. El favorito puede llegar al primer *tee* de salida complaciente. Si el desconocido está listo para jugar desde el primer golpe, a menudo puede empezar ganando.

Empataron los dicz hoyos siguientes. El hoyo 12 es uno de los más difíciles de Las Cascadas. Un par cuatro cuesta abajo de 428 metros. El arroyo cruza la calle, y luego continúa por todo el lado izquierdo hasta el *green.*

Claude, que seguía disponiendo del honor, envió un buen *drive* justo al centro de la calle, a 190 metros de *green.* Beecroft alargó la subida para conseguir una distancia extra, y envió su golpe de salida a la derecha, al *rough.* No pudo alcanzar el *green,* e hizo *bogey.* Claude dio una madera 7, que la lleva en sustitución al hierro 2, casi perfecta. Trató con esmero el *putt* de *birdie* de menos de dos metros, sabiendo que necesitaba sólo el par. Embocó y se puso dos arriba.

Empataron los cuatro hoyos siguientes con par. El hoyo 17 de Las Cascadas es un fantástico par cinco para ser jugado como final de un apretado partido. Tiene 442 metros, y es un *dogleg* hacia la izquierda, con el arroyo que corre hacia abajo por todo el lado derecho del hoyo. Según los expertos, se puede llegar a *green* con dos magníficos golpes, pero los riesgos son altos.

Claude, con la ventaja de ir *dormie*[1], salió con el *driver* al centro de la calle. Beecroft envió el suyo al arroyo de la derecha. Claude hizo el par rutinario, y el partido se terminó.

Por supuesto, el campeonato todavía no había finalizado. A Claude todavía le quedaban dos partidos por jugar. Se

---

[1] Llevar el mismo número de hoyos ganados que hoyos por jugar. *(N. de los T.)*

advirtió a sí mismo que no adelantara acontecimientos. A pesar de un ligero desliz en la semifinal, ganó por 3 a 1 de nuevo. Y ganó la final por 5 a 4.

A Claude le llevó cierto tiempo asimilar lo que había hecho. Luego, comenzó a saborearlo. Claude había ascendido paso a paso, desde el principio de la escalera en el golf de Virginia hasta la cima. La vista desde allí era muy gratificante.

Muchos sueños son alcanzables si el que sueña está dispuesto a dedicarles un esfuerzo constante e inteligente.

18.

Cómo Tom Kite hizo honor a su compromiso

De vez en cuando, alguien se me acerca en un torneo de golf o en un *clinic* y me cuenta el alivio que le causa saber que puede convertirse en un jugador de primera clase con sólo cambiar su manera de pensar.

O alguien de fuera del circuito acude a mí porque ha oído que ayudo a los jugadores a mejorar con sólo cambiar su forma de pensar.

Incluso podrían mostrar un ejemplo, diciendo que han observado la forma en que Tom Kite mejoró después de que comenzara a trabajar conmigo, simplemente habiendo cambiado su forma de pensar.

Me siento al mismo tiempo halagado, cortado y ligeramente irritado por este tipo de cumplido.

Es verdad que muchos golfistas que ahora hacen una media de 95 pueden reducirla por debajo de 90 con sólo mejorar sus pensamientos: permaneciendo en el presente, confiando en su *swing*, escogiendo pequeños objetivos, aceptando los resultados de sus golpes, siguiendo rutinas inteligentes y planes de juego.

Son jugadores de fin de semana que no quieren practicar, y que se quedarán satisfechos si bajan de 85 u 80 en alguna ocasión. Estoy contento por ser capaz de ayudarles a desarrollar su juego al máximo, con sólo pensar de forma efectiva.

Pero hay otros que han alcanzado ese nivel y ya están hartos. Quieren llegar más lejos, probarse a sí mismos. Hacen resultados de 85 y le gustaría hacer 75 de forma regular. Hacen 75 y piensan que debería ser un 69. Quieren jugar bien de forma consistente. Desafortunadamente, a alguno de ellos le gustaría creer que lo único que se necesita es un masaje psicológico, un cambio fácil y rápido en su pensamiento. Esto me molesta porque es inexacto y porque infravalora el trabajo realizado por los jugadores que realmente mejoran.

La diferencia entre un sueño y una fantasía es el compromiso.

Ojalá pudiera reunir conmigo un día a todos los fantasiosos para observar la práctica de Tom Kite. Entonces comenzarían a entender el compromiso necesario para averiguar lo buenos que puedan llegar a ser.

Para Tom, un día normal en su casa de Austin durante la temporada de golf empieza temprano. Se despide de sus hijos cuando se van al colegio. Luego se va al campo. Efectúa unos cuidadosos estiramientos durante un buen rato.

Da unos *wedges* y luego trabaja todos los palos, desde los hierros hasta las maderas. A continuación, regresa a su juego corto un rato más. Esto le suele llevar dos o tres horas. Él no las contabiliza.

Tampoco presta mucha atención al tiempo. Si es un día soleado de julio, puede que haga 35 grados en el campo de prácticas. Permanecerá allí fuera hasta que el sudor pegue la camisa a su espalda, y los pantalones a los muslos; hará una pequeña pausa para secarse y beber un poco de agua, y luego practicará un poco más.

De hecho, hay un lado de Tom que saborea el calor, un lado que piensa: *"Bien. Hace tanto calor que muchos de los chicos no practicarán. Pero aumentaré mi fuerza, disciplina y resistencia, y la próxima vez que el Abierto de Estados Unidos se juegue en Oakmont o en Congressional, o en otro lugar donde el calor sea insoportable en verano, partiré con ventaja."*

Después, Tom suele jugar una vuelta, pero lo hará seriamente, intentando simular las condiciones de un torneo tanto como sea posible.

Cuando acaba, regresa de nuevo al campo de prácticas, y trabaja en aquellas facetas del juego que no llegaron al nivel deseado mientras jugaba.

Hasta ahora, podría estar describiendo el régimen de práctica de muchos jugadores de primera línea.

Lo que separa a Tom del resto es la calidad de su práctica, no la cantidad. Algunos jugadores tan sólo golpean bolas. Trabajan, pero no mejoran.

Les da miedo fallar. Aún peor, temen sentirse culpables si fallan sin haber practicado. Entonces dan bolas hasta que se hace de noche, pensando inconscientemente que nadie, incluso ellos mismos, podrá decir que no han pasado el corte, o han perdido la tarjeta del circuito porque no trabajaron lo suficiente. Los jugadores que tienen temor a fallar generalmente juegan con miedo, y, consecuentemente, juegan mal con frecuencia.

Hay gente que trabaja duro, pero son incapaces de imaginarse a ellos mismos como ganadores. Su duro trabajo nunca llega a dar frutos.

Tom no teme al fracaso. Odia perder y le encanta ganar, pero no tiene miedo al fracaso. Su deseo de ganar encamina sus hábitos de práctica. No percibe la práctica como un ejercicio denigrante o un sacrificio. La percibe como parte del proceso integral de mejorar y ganar. Se ve a sí mismo como un ganador.

Sabe que la competencia trabaja duro, y algunos están mejorando. Hará todo lo necesario para estar tan preparado como pueda, porque así es como maximiza sus posibilidades de ganar.

Para mejorar, un jugador debe practicar de forma adecuada, trabajando tanto el *swing* como la mente.

Cuando practica, Tom está constantemente poniendo a prueba su mente y su creatividad para cumplir lo anterior.

Muchas de estas cosas las aprendió de pequeño, primero en Dallas y luego en Austin. Su padre pertenecía al River Lake Country Club de Dallas, donde Tom comenzó a jugar. Y utilizo la palabra "jugar" deliberadamente. El golf nunca fue un trabajo para Tom o para los demás chicos. Se pasaban todo el verano en el campo y en prácticas. Pero siempre se trataba de un juego.

Constantemente, los chicos inventaban contiendas para entretenerse. ¿Quién puede elevarla más?, ¿quién puede bajarla más?, ¿quién puede dejarla más corta haciendo un *swing* completo con el *drive?,* ¿quién puede enviarla más lejos con el *wedge?,* ¿quién puede hacer el *slice* o el *hook* más exagerado?

En el campo, realizaban más juegos. Cada chico pedía un golpe a los demás. El contrincante de Tom podía permanecer en el *tee* y pedirle a Tom que su *drive* saliera por encima del *rough* de la derecha y terminara con *draw* en medio de la calle. Luego Tom pedía a su oponente que diera un golpe por alto de 80 metros y entrara en el *green*.

Algunos de estos juegos podían parecer tontos e incluso peligrosos. Para ganar un concurso de pegada con el *wedge,* por ejemplo, se tenía que aprender a rajar la bola. No es el golpe que a uno le gustaría dar en el campo, pero enseña a controlar el palo. Enseña a un chico a visionar un golpe, y luego a confiar en su mente y cuerpo para jugarlo. Enseña cómo jugar bajo presión. Adiestra el *swing* y la mente.

Con frecuencia, tengo la sensación de que los adultos mejorarían si dejasen a los niños enseñarles a practicar, en vez de los mayores a los pequeños. Los niños son más creativos e instintivos.

El caso de Tom era realmente un buen ejemplo. Sigue haciendo juegos que adiestran su *swing* y su mente de forma concurrente. Cuando está en el campo de prácticas, me recuerda en muchos aspectos a los chicos de la ciudad cuando juegan a baloncesto: juguetón, competitivo, alegre. Esto no significa que es una persona que flota alrededor del *tee,* expectante. Está allí para llevar algo a cabo, y su actitud hacia la gente que se acerca para relajarse es la misma que la que tiene un hombre de negocios hacia alguien que entra en una reunión para charlar. No lo acepta.

Pero la gente que observa esta concentración lo confunde con algo robótico, incluso obsesivo. De hecho, la verdad es exactamente la contraria. En el campo de prácticas, Tom deliberadamente hace dos grandes *slices,* y luego tira una bola recta, sólo para saber que lo puede hacer. Cuando estoy cerca, me pide que le rete. Suelo decirle que comience con el *driver* hacia un árbol en la distancia, y que haga un *draw* de siete metros. Luego, que siga con un hierro 5 y apunte a un matorral que está en un extremo del campo, y que haga un *slice* muy alto. Que dé un *wedge* por encima de un árbol, o que cierre un hierro 7 por debajo de una rama y la pare. Que coja diez bolas y apunte a una bandera situada a sesenta metros de distancia. Si golpea la bandera al menos una vez, le invito a comer. Si no lo hace con ninguna de las diez, la comida la paga Tom.

Raramente paga una comida.

Tom siempre encuentra formas de inyectarse diversión y tensión cuando practica el juego corto. Buscará un lugar arenoso o con la hierba estropeada, dejará caer unas bolas y dará *wedge*s elevados hacia una bandera en alto. Desde dichos *lies* sus fallos parecen terribles, cayendo en *bunker* o sobrevolando el *green* con una bola baja. Pero sabe que cuando domine esta prueba, estará dándole a la bola de forma precisa. Algunas veces me asombra el grado de precisión que se exige. Cuando practica el *putt*, le pido que me diga por qué lado del hoyo entrará la bola, y con qué velocidad. Así lo hace. Le he visto a dos metros y medio o a tres metros del hoyo, en una parte plana del *green* de prácticas, meter ocho bolas seguidas con el *sand wedge* sin hacer una marca en la superficie del *green*.

Tom intenta simular constantemente la presión que sentirá en competición. En 1993, durante su partido de *four-ball* en la Ryder Cup, Tom dio una maravillosa madera 3 a *green* en el hoyo diez, un par cuatro corto; se trataba de un golpe que tenía que hacer con el *fade* preciso, por encima de un lago entre dos árboles grandes, y quedarse en un pequeño *green*. Se trataba de un golpe clave para asegurar el partido a los Estados Unidos. Era un golpe que Tom había practicado una y otra vez en el campo de prácticas. Y cada vez que lo hacía, se decía a sí mismo que se encontraba en el *tee* con la Ryder Cup en juego, con los seguidores europeos callados y locos por verle fallar, las cámaras de televisión apuntando hacia él, y su compañero de equipo ansioso. Por un momento, intentaba experimentar todas las emociones y el estrés que sentiría en la competición real. Cuando el gran momento se presentó, tuvo la sensación de *déjà vu*, una sensación de confianza.

El compromiso de Tom es tal que trata sus decepciones como recordatorios para mejorar.

Si pudiera jugar otra vez un golpe de su carrera, probablemente sería la bola que envió a las agitadas aguas de la riera del hoyo cinco del Rochester Oak Hill Country Club, durante la última vuelta del Abierto Americano de 1989. Volviendo a ese día, había hecho vueltas casi impecables de 67, 69 y 69. Lideraba el torneo, llevándole un golpe a Scott Simpson y tres a Curtis Strange. Mentalmente, se sentía más agudo que nunca. El golpe fatal en el hoyo 5 fue provocado por un bloqueo del *swing,* que mandó la bola a la derecha. Tras la penalidad, Tom alcanzó el *green* del par cuatro en cuatro golpes y, molesto, hizo tres *putts* desde tres metros y medio. El Abierto se le fue de las manos.

Nada más acabar el torneo, Tom reflexionó honestamente acerca de su estado mental cuando efectuó dicho golpe. ¿Había mantenido su mente en el presente? Así lo creyó. ¿Había tenido fe en el golpe? Sí. ¿Había tenido dudas de algún tipo? No. Mentalmente, había hecho todo lo que debía.

Eso le condujo a otra conclusión: su *swing* se había venido abajo.

De hecho, no era la primera vez que había bloqueado el *swing,* enviando la bola a la derecha, bajo presión. Unos meses antes, casi había perdido el Bay Hill Classic cuando envió al agua su *approach* al *green* del hoyo 18.

Tom se vio en el vídeo, y lo comentó con dos profesores de su confianza, Chuck Cook y John Rhodes. Concluyó que, bajo presión, su *swing* tendía a llevar la cabeza del palo hacia la bola por una trayectoria de dentro a fuera, demasiado exagerada (esto también le sucedía en el campo de prácticas, pero es fácil olvidarlo). Se trataba del mismo problema que había atacado a Greg Norman y a Johnny Miller en varias etapas de sus carreras.

Tom y sus profesores acordaron llevar a cabo un cambio significativo en el *swing*, separando los pies en el *stance*, y efectuando un plano de *swing* más horizontal, de forma que pudiera cuadrar la cara del palo con su cuerpo en vez de con los brazos.

Muchos jugadores con la estatura de Tom serían reacios a este cambio, sabiendo que su juego podría empeorar durante un tiempo. Pero Tom quería evitar a toda costa los pensamientos sobre posibles bloqueos del *swing*. Aún deseaba averiguar hasta dónde podía llegar. Y si esa búsqueda requería un cambio en el *swing*, bienvenido fuera.

Empezó a trabajar ese cambio fuera de temporada, a finales de 1989. Pasó incontables horas en los campos de prácticas. Como dice Tom, nunca mira la hora cuando se lo está pasando bien. Para él, mejorar es divertido. Nada le gusta más que la sensación de estar mejorando.

Puso en práctica su nuevo *swing* en 1990, y le funcionó bien a ratos. Pero cuando pensaba en bajar el palo, se pasaba y llegaba a la bola con un movimiento excesivo de su torso. Y como nunca había jugado con este error, sus bolas salían en todas direcciones. Con lo cual, al finalizar la temporada de 1991, regresó al campo de prácticas para retocar de nuevo su *swing*.

Por fin, al comienzo de la temporada de 1992, todo quedó encajado. El golf empezó a parecerle fácil: si la quería tirar alta, la tiraba; si quería que volara de derecha a izquierda, lo conseguía; sus *wedge*s eran precisos; jugaba el *putt* con confianza, y no sentía que la amenaza de un desastre similar al ocurrido en Oak Hill pudiera merodear por su cabeza. Ganó el BellSouth Classic en Atlanta, su primer título en dieciséis meses. A medida que se avecinaba el verano y se aproximaba el Abierto Americano en Pebble Beach, se sentía como un piloto que sale de un túnel, y encuentra aire libre y el viento a su favor. Todo era favorable.

Pebble Beach es uno de los campos favoritos de Tom. Ahí había ganado el Bing Crosby, y tiene el récord del campo. Pebble Beach representa el reto y la tradición que más admira en golf. No es ninguna coincidencia que jugadores de la talla de Jack Nicklaus y Tom Watson hayan ganado los Abiertos anteriores celebrados en Pebble Beach.

Pero, por alguna razón, Tom sintió que su *swing* se había desajustado ligeramente en Pebble Beach. No era nada grave, excepto por el listón tan alto que se había puesto, especialmente durante las semanas anteriores. No conseguía sacar la bola en la línea deseada, ligeramente de derecha a izquierda. Por el contrario, sacaba una bola por la izquierda que se abría un poco. Mucha gente, después de pasar tanto tiempo y esfuerzo como Tom para modificar su *swing*, hubiera reaccionado pasándose toda la semana buscando de nuevo ese controlado y precioso ligero *draw;* se hubiera convencido de que sería imposible jugar bien sin él. Afortunadamente, Tom fue más inteligente.

Hablamos el martes por la noche, dos días antes del torneo. Coincidimos en que tenía que asumir que podía ganar el Abierto de Estados Unidos sin su *swing* de bandera, que podía utilizar el *swing* que tenía esa semana, junto a su mente y a su juego corto, para conseguir mantenerse arriba. Y así lo hizo. Jugó esa semana con un *swing* que para nada le parecía perfecto, en lugar del *swing* que había practicado durante tanto tiempo. De los sesenta y seis jugadores que pasaron el corte, cincuenta y tres cogieron más calles que Tom, treinta y uno alcanzaron más *greens,* y ninguno efectuó menos golpes.

Un repaso de la última vuelta de Tom muestra cómo ello fue posible.

Tom llegó al campo el domingo por la mañana, un golpe por detrás del líder Gil Morgan. El campo de prácticas de Pebble Beach está alejado del océano, y protegido de las rachas de viento, por lo que Tom no se dio cuenta inmediatamente de las condiciones que se iba a encontrar ese día. Tiró bolas con sus palos largos, y luego pasó un rato practicando golpes suaves y elevados hacia un *green* que la USGA había instalado para el Abierto. Posteriormente, se dirigió al *green* de prácticas. Allí sintió que el viento comenzaba a refrescar, y a soplar fuerte, procedente del Pacífico, superando los cincuenta kilómetros por hora. El sol brillaba, y se dio cuenta de que la combinación de sol y viento podía secar los *greens* hasta dejarlos con la textura de las mesas de billar. Se presentaba un día difícil para hacer buenos resultados. El viento afectaría cada golpe. Algunos *greens* prácticamente no retendrían la bola, y muchas posiciones de banderas se tornarían inaccesibles.

Tom no empleó la madera en la salida del hoyo 1, un par cuatro de 340 metros que supone un inicio agradable en un campo como Pebble Beach. Envió la bola a la calle con un hierro 3, y luego alcanzó el *green* con un hierro 9. Embocó su *putt* de *birdie* de seis metros con caída.

"*Caramba, chico*", pensó, "*esto va a ser divertido*".

El júbilo anticipado se fue calmando durante los hoyos siguientes. En el hoyo 2, un par cinco corto donde los buenos jugadores cuentan con el *birdie,* dio un mediocre *pitch* a *green* de tercer golpe, y falló el *putt.* Ese par le supo a *bogey*. A pesar de ir una bajo par, sentía que no había sacado ventaja al resto.

Sin embargo, en el hoyo 3 tuvo una muestra de lo que el resto estaría haciendo ese día. Su compañero de juego, Mark Brooks, hizo cuatro *putts* desde tres metros y medio.

Los *greens* estaban así de traicioneros. Tom hizo un rutinario par.

En el hoyo 4, un par cuatro corto que es el último de los hoyos de tierra más fáciles, se metió en problemas por haber sido un poco agresivo. El viento atrapó su salida y la envió a la entrada del *rough*. A pesar de todo, Tom decidió tirar a bandera, que estaba colocada al fondo y en la esquina de la derecha. El *pitching wedge* que dio desde la gruesa hierba saltó un poco, aterrizó en el fondo del *green,* y botó como una pelota de baloncesto a un pequeño *bunker* situado detrás del *green.*

La bola se quedó en una pendiente cuesta abajo, y Tom se enfrentaba a la típica situación de penalización, característica del Abierto Americano: un golpe desde la arena cuesta abajo hacia un pequeño *green* resbaladizo que se inclina severamente alejándose de él. No había forma de dejar la bola cerca del hoyo; lo hizo muy bien dejándola en el *green,* a trece metros y medio pasada la bandera. Seguidamente, para rematar el error dio un *putt* con poco toque que acabó metro y medio corto del hoyo. El seis que se hizo le puso uno más del par en el día.

Quizá éste fue el momento crítico de la vuelta de Tom. Muchos jugadores habrían empezado a sentirse apesadumbrados, pensando que la USGA les hacía trampas por el campo. Tom podía compartir de ese punto de vista. No estaba contento, y cuando pasó al lado de su mujer, Christy, en el camino hacia el *tee* del cinco, dijo: “Bueno, parece que la USGA realmente nos la ha jugado hoy”.

Pero no sucumbió a la autocompasión o a la ira. Tampoco recordó lo que le había ocurrido en una situación parecida en la última vuelta en 1989 en Oak Hill. Se recordó a sí mismo que, teniendo en cuenta lo que le había sucedido a Brooks y a él, ocurrirían muchos desastres durante la última vuelta. Todo el mundo sufriría, y él tenía que ser paciente.

Una vez medido el viento en el hoyo 5, un par tres, sacó su hierro 5 y envió la bola a un *bunker* de la derecha. Cuando llegó allí, vio que la bola estaba empotrada en la arena.

"Hombre, se dijo a sí mismo. *Acabo de hacer un* doble bogey *desde un bunker del hoyo 4, y ahora me encuentro ante otra sacada de* bunker".

Pero apartó su mente del hoyo 4, y de vuelta al presente, hizo una gran explosión y dejó la bola a dos metros y medio del hoyo. A continuación, metió el *putt* para salvar el par por el centro del hoyo.

En el hoyo 5 no hay mucho sitio para los espectadores, y la televisión rara vez lo cubre. Por lo que cuando la gente habla de la vuelta de Tom en Pebble Beach, raramente menciona este hoyo. Pero los dos golpes cortos que tenía que dar para salvar el par en el hoyo 5 eran tan importantes como cualquiera de los que había dado ese día.

En el hoyo 6, Pebble Beach se vuelve hacia el océano, hacia el viento. Tom dio dos maravillosas maderas, y apenas llegó a la cima del promontorio en este par cinco. Para cubrir los últimos cien metros a *green* necesitaba un golpe firme con el hierro 6; teniendo en cuenta que en los días de calma se llega de dos.

Se enfrentó a un *putt* de seis metros, el típico que normalmente hubiera rodado muy rápido. Pero se dio cuenta de que el viento la frenaría, y dio un golpe firme. La bola salió un poco más rápida de lo que él quería, pero se metió en el hoyo como un ratón que huye hacia el suyo. Volvía a ponerse al par.

El pequeño hoyo 7, de 102 metros, presentaba un golpe sobrecogedor. Se encuentra en la cima de un promontorio, con el *tee* elevado. El viento era un aullido que salía del océano.

La única forma de llegar a *green* era enviando la bola hacia fuera, por encima del agua, y confiar que el viento la devolviera. Un punto aproximado de referencia podía ser el Yokohama. Uno de los treinta mejores clasificados de ese día hizo *pull* y sacó la bola del campo.

Tom jugó otro hierro 6, en un hoyo donde normalmente se juega un *sand wedge*, para intentar mantenerla baja, por debajo del viento. Pero desde un *tee* elevado, eso resultaba imposible. Observó cómo el viento envolvía la bola, y la enviaba hacia la izquierda, a la izquierda del *bunker,* a un espeso *rough* cerca del *tee* del ocho.

Se enfrentó al siguiente golpe con calma. El viento, que ahora soplaba directamente de cara, le ayudaría esta vez, aguantando el golpe y ayudando a la bola a aterrizar suavemente. Había practicado este golpe por alto toda la semana, justo para una situación como ésta. Hizo el *swing* confiadamente haciendo volar la bola por encima del *bunker*. Aterrizó en *green*, rodó directamente hacia el hoyo y se metió.

No lo celebró. Sintió un poco de alivio, aunque sabía lo mucho que todavía le quedaba por jugar.

En el hoyo 8, el clásico par cuatro que se extiende como un saliente hacia el Pacífico, se encontró con un problema de selección del palo. Normalmente, jugaba una madera 3 a una zona de caída de 238 metros en calle. Pero la galerna que soplaba detrás de él le sugería que una madera 3 podía ser demasiado palo. Al igual que lo sería una madera 4. Un hierro 3 parecía el palo correcto. A continuación, una ráfaga de viento sopló aún más fuerte desde el mar.

–Mike –dijo Tom a su *caddie* Mike Carrick–. ¿Crees que un hierro 4 será suficiente?.

–Puede que sí –replicó Mike.

Era el correcto. Tom hizo volar 234 metros el hierro 4 hacia un lugar perfecto de la calle. Luego dio un bonito hierro 8 por encima del acantilado y el mar, que entró en *green*. Aterrizó un poco corta del hoyo, pero botó tan alta como la bandera, y acabó en el *rough* detrás del *green*.

Le quedó un golpe muy parecido al que tuvo en el hoyo 7, y lo hizo casi igual de bien. Metió un *putt* de metro para par.

El hoyo 9 es un largo par cuatro, que se extiende a lo largo del borde de un acantilado, y que se hace aún más largo debido al viento. Tom dio un buen *drive,* aunque la galerna le presentaba una dura elección del palo. Quería dar una madera 4 a *green,* pero le preocupaba lo que el viento haría si elevaba mucho la bola, cosa que solía hacer con la madera 4. Entonces optó por jugar un *hook* por bajo con el hierro 3. Siempre resulta difícil dar un golpe cuando el jugador duda sobre la elección del palo. Pero en Pebble Beach y con un viento de 50 kilómetros por hora, no resulta fácil la selección de los mismos. Tom bloqueó el hierro 3 hacia la derecha, y acabó en una zona de hierba de la clase kikuyu, a mitad de camino del acantilado y la playa. Tuvo la gran fortuna de que un *marshall*[1] viera a dónde había ido a parar la bola, ya que de otra forma no la hubiera encontrado.

Tenía dos opciones. Como el acantilado y la playa eran obstáculo de agua lateral, podía penalizarse con un golpe y dropar la bola a 36 metros más o menos frente al *green;* o podía intentar sacarla de la hierba de kikuyu. Tenía una enorme confianza en su *wedge* Hogan de 62 grados, que había estado utilizando en todos sus golpes de recuperación de ese día; la sacó de la espesa hierba y la metió en *green*. Hizo cinco. Pero, tal y como le dijo a Mike cuando abandonaban el *green*, "algunos *bogies* son mejores que otros".

En el hoyo 10, que se extiende a lo largo del acantilado, envió su *drive* a la izquierda, consciente del casi desastre al que había sobrevivido en el hoyo 9. Su *lie* era terrible, y sólo podía meter un hierro 7 para sacarla a la calle. Pero la sacó a

---

[1] Persona designada por el comité de un campo o de una competición. Su función en el primer caso es controlar el ritmo de juego y el comportamiento de los jugadores en el campo. En las competiciones, los *marshalls* controlan y dirigen el movimiento de los espectadores para no molestar a los jugadores. *(N. de los T.)*

la distancia perfecta de sesenta metros para su *wedge*. Dio el *pitch* perfecto e hizo par.

En el 11, que finalmente tenía el viento a favor, dio un *drive* muy largo y tan sólo le quedó un *sand wedge* a *green*. Esta vez tenía soluciones mejores que tirar a bandera. Para llegar a ella, tenía que sobrevolar un *bunker,* y el golpe que lo sobrepasaba precisamente era de los que no se quedan en *green*. Por lo tanto, jugó a la izquierda del *bunker,* hacia el centro del *green,* quedándose a seis metros pasada la bandcra pcro a salvo dentro del mismo. Su *putt* casi entró. Cuando salía del *green* se recordó a sí mismo que frente a unas imponentes condiciones climáticas, los pares resultan ser más que suficientes. Un gran número de jugadores llegaron al 80 ese día.

En el hoyo 12, un par tres, con el viento que soplaba ferozmente de izquierda a derecha, cogió un hierro 4, cerró la cara del palo un poco, e intentó hacer un gran *hook*. La bola salió hacia el lado izquierdo del *green*. En un día de calma hubiera cerrado el golpe unos 18 metros a la izquierda. Pero el viento la envió 18 metros hacia la derecha, hacia el *green,* a nueve metros de bandera. El público que se encontraba alrededor del *green* estalló en aplausos como si él hubiera dado un golpe a bandera.

–Escucha eso –le dijo Tom a Mike–. Nadie ha cogido *green* desde hace mucho tiempo.

Estaba en lo cierto. Echó una mirada al marcador que se encontraba detrás del *green* del 12. Era el único jugador en el campo que iba bajo par.

A Tom siempre le había gustado el *green* del 12. A lo largo de los años y en varios torneos, había hecho bastantes *birdies* en él. Con esos recuerdos en la mente, golpeó su *putt* y lo metió.

Evidentemente, el público se emocionó de nuevo. Se dirigió hacia el *tee* del trece sintiéndose, tal y como lo dijo más tarde, "superbueno en todo".

Hizo par en el 13, y luego empezó el largo hoyo catorce, un par cinco cuesta arriba. Normalmente, el segundo golpe en el 14 es de colocación, diseñado para que el jugador dé su tercer golpe de *wedge* más cómodo a *green*.

En este punto, recordó una conversación que había tenido la noche anterior con dos amigos de Austin. Tom y Christy estaban paseando en Carmel después de cenar, cuando se encontraron a Lance y a Hailey Hughes, que habían venido a California para seguir el torneo.

Éstos se habían situado en el *green* del hoyo catorce durante casi toda la tercera vuelta, viendo cómo un jugador tras otro intentaba jugar con un *pitch* a *green* desde ochenta o noventa metros, un *pitch* que tenía que pasar un ancho *bunker* situado frente al *green*. Constantemente, sus *pitches* o se quedaban cortos del *bunker*, o aterrizaban con fuerza en el *green*, saliéndose por detrás y acabando en el *rough*. De hecho, eso fue lo que le ocurrió a Tom en la tercera vuelta.

Los únicos jugadores que alcanzaron el *green* de tres, dijo Lance, fueron aquellos que intentaron alcanzarlo de dos, quedándoles tan sólo un golpe de *chip*.

Recordando esto, Tom cogió su madera 3 e intentó darle larga y hacia el *bunker*. Hizo un poco de *pull* y aterrizó en el *rough* de la izquierda, cerca de *green* pero con el *bunker* delante.

Envió la bola a *green* por alto y la dejó a medio metro del hoyo. Más tarde me dijo que lo único que se le pasó por la mente fue que daría un gran golpe.

El *birdie* que hizo en el hoyo 14 le proporcionó un liderato sólido. Iba cinco bajo par. No se dio cuenta en ese momento de que Jeff Sluman estaba teniendo una buena vuelta y acabaría uno bajo par. Se sintió bajo control. Había pasado los peores hoyos del campo.

No recomiendo a los jugadores que miren los marcadores, a pesar de que muchos de ellos lo hagan. Tienden a distraerles, a romper la concentración destinada al golpe que tienen entre manos. Para el líder de un torneo grande, esa concentración es muy difícil de mantener. Los cámaras de las unidades móviles de televisión hacen tomas de la hierba donde reposa su bola. La multitud grita y da ánimos como si se tratase de una coronación en vez de un torneo de golf. Es difícil no pensar en la gente a la que estará agradecido cuando recoja el trofeo.

Pero Tom había mirado los marcadores, y sabía en qué posición se encontraba; si jugaba un golf sólido en los cuatro hoyos restantes, el torneo era suyo. Tenía que recabar esa información sin que por ello cambiase su forma de pensar hasta ese momento.

En el hoyo 15 dio un buen golpe de salida con la madera 3, pero hizo demasiado *hook*, intentando mantener la bola contra el viento. Aterrizó en el *rough* de la izquierda. Efectuó un gran golpe de hierro, dejándola al borde del *green*. Jugó un *putt* de 12 metros, dejándola a 15 centímetros, y acabó con par.

El público rugía, y durante breves instantes Tom estuvo tentado de celebrarlo con ellos. Pero se recordó a sí mismo que aún quedaban tres hoyos difíciles; sonrió y saludó con su gorra, e intentó centrarse en su cometido.

En el hoyo 16, continuando su batalla con el viento, envió otra madera 3 al *rough* de la derecha. Su golpe a *green* con el hierro 6 botó al fondo del *green* y se salió. No impactó limpiamente el *chip*, y el *putt* fue mediocre. Hizo *bogey*, y se puso de nuevo cuatro bajo par.

El hoyo 17 se le presentaba con otro dilema de selección de palos, típico de Pebble Beach. La bandera estaba al fondo y a la izquierda de este *green* en forma de reloj de arena, lo más alejada posible desde el *tee*. El viento en contra era tan fuerte que pensó que necesitaría un *driver* para alcanzar el *green*. Pero si el viento aminoraba en el momento del impacto, con el *driver* podría volearse el *green* e ir a parar a uno de los lugares que ponía en peligro el torneo: la playa.

Optó por jugar la madera 3, y envió la bola al *bunker* situado frente al *green*. Tras un mal bote, la bola acabó en el borde izquierdo del *bunker*, en una pendiente lateral. Le quedó un *stance* incómodo, con un pie dentro y otro fuera del *bunker*. El viento soplaba en contra, y le quedaba una sacada de *bunker* larga. Acechaba la posibilidad de hacer un *doble bogey*. *"Vaya, hombre,* pensó. *¿Por qué no me habrá quedado una sacada de bunker en plano?"*

De nuevo tenía que conseguir un golpe de recuperación con el *wedge*, y la sacó bien, sin darse tiempo a pensar en las consecuencias de un mal impacto. Aterrizó en *green*, a 3 metros de bandera. Falló el *putt*, pero un *bogey* era más que suficiente.

Este *putt* fue el único error mental que hizo en los últimos hoyos. Pensando que tenía el torneo en las manos, perdió la concentración. Pero convirtió este lapsus en un factor positivo. Lo utilizó para recordarse a sí mismo que tenía que concentrarse exclusivamente en su rutina en el momento de jugar el crítico golpe de salida del hoyo 18.

Durante toda la semana, Tom había jugado la madera 3 desde el *tee* del hoyo 18, el famoso par cinco que linda con el océano a lo largo de sus 493 metros. Pero sus últimos tres golpes con ese palo no habían dejado la bola en la calle. Quería un palo en el que confiar.

–¿Qué opinas de jugar el *driver?* –preguntó a Mike.

Mike, seguramente intentando no mirar al océano, tragó saliva y respondió:

–Sí, conforme.

Tom regresó a su rutina previa al golpe, que había practicado durante muchos años. Determinó el objetivo, y se confinó a un único pensamiento sobre el *swing*: *lentitud.*

Subió el palo lo más lentamente posible. Más tarde, en el vídeo, vería que no había ninguna lentitud en el *swing*. Pero se sintió como un muñeco en una película a cámara lenta, y le dio a la bola.

–Eso es un “recoge el *tee* y no te preocupes”, –dijo Mike.

Así fue. Era el típico *drive* que está tan bien golpeado, que el jugador no tiene que mirar dónde va a parar; puede agacharse, recoger el *tee*, y comenzar a caminar.

Fue un *driver* recto y largo. Hubiera podido tirar a *green* con el segundo golpe si hubiera dispuesto de un liderato amplio o si hubiera estado un golpe por detrás. Tiró a quedarse corto con el hierro 5, dejándose una vez más un golpe de 60 metros hasta el hoyo: la distancia perfecta para su *wedge* por alto. Cuando envió su tercer golpe a *green*, supo que la larga espera para lograr un Grande había llegado a su fin.

Su triunfo demostró muchas cosas. Mostró la importancia del juego corto. A pesar de haber fallado muchas calles y *greens*, fue capaz de jugar bien gracias a su *wedge* y *putter*. Golpeó diez *wedge*s por alto durante la vuelta.

Mostró la importancia de permanecer en el presente. A excepción de unos pocos lapsus sin importancia, tal como Tom me diría más tarde, su vuelta no tuvo ni pasado ni futuro. Siempre pensó en el golpe que tenía ante sí. En ningún momento pensó en lo ocurrido en 1989, o en cualquier otro momento en el que se había encontrado luchando en un torneo Grande.

Mostró la importancia del compromiso: el compromiso en mejorar, el compromiso en hacer lo que sea para ganar.

DURANTE APROXIMADAMENTE UN año, hasta la primavera de 1993, Tom fue el mejor jugador del mundo. Ganó el Abierto de Los Ángeles. En el Bob Hope, barrió a todos, estableciendo un resultado récord que todavía permanece: 35 bajo par en 90 hoyos.

Entonces, un fin de semana llevó a sus hijos a un parque de atracciones, y uno de ellos saltó sobre su espalda para ver un desfile. Al día siguiente, la espalda de Tom estaba rígida y dolorida. Finalmente, visitó a un doctor que le hizo un examen exhaustivo. Tenía tres discos inflamados: uno, quizás, causado por el accidente con su hijo, y los otros dos más antiguos.

Tom intentó seguir jugando. Al mes siguiente, volé a Augusta para estar junto a Tom en el Masters. Normalmente, cuando me invita para encontrarme con él en algún lugar, me recoge él mismo en el aeropuerto. Esta vez, su padre me vino a buscar, y me di cuenta de que algo iba mal.

Nos metimos por una larga alameda en Augusta, que acababa en una pequeña, húmeda y oscura consulta de un acupuntor. Encontramos a Tom echado en una camilla con sesenta u ochenta agujas clavadas: en el torso, orejas, e incluso alrededor de sus ojos. Se dio la vuelta, y otras tantas agujas estaban clavadas en su espalda.

Eso mostraba lo mucho que quería participar en el Masters.

La acupuntura no le fue de gran ayuda, y no jugó bien el torneo.

Tom volvió a casa durante una temporada para trabajar en su rehabilitación. Por entonces, nadie sabía si el dolor de espalda sería crónico. Pero yo sabía que si existía alguna forma de prevenir eso, Tom la encontraría. No permitiría que el dolor se convirtiese en una excusa. No permitiría sentir autocompasión. Buscaría los mejores consejeros que pudiera encontrar. Y llevaría a término todo lo que dichos consejeros le prescribieran. Controlaría el estado de su espalda. Seguiría a rajatabla el proceso de rehabilitación, y sin importarle el número de horas al día que le prescribieran para hacer los ejercicios, los haría. Aún más, encontraría la forma de aceptar el daño como una bendición, como un acicate para lograr estar más fuerte y en forma, e incluso prolongar su carrera.

Pero el retorno a la normalidad ha sido duro y deprimente, incluso para Tom. Su espalda quedó curada, pero cuando lo hizo, el control de su juego ya no era el mismo. No ganó nada en lo que quedaba de 1993 ni durante el año siguiente. Y 1995 fue un año terrible, según las aspiraciones de Tom. No ganó un torneo, y acabó en la posición 104 en la lista de ganancias.

Existían motivos para ello. Christie y él estaban construyendo la casa soñada. Eso le distrajo. No invirtió el mismo tiempo en la práctica, especialmente con el *wedge*. En ocasiones, perdió la paciencia y dejó que la frustración afectara su juego.

Pero Tom había estado en horas bajas años atrás, y cada vez ha descubierto y redescubierto que le disgusta jugar mal, y que hará todo lo posible para estar de nuevo en la cima.

Cuando acabó la temporada, quería volver a casa. Pensó en los meses libres como un tiempo para borrar las marcas de 1995, y reconstruirse a sí mismo y a su juego para 1996.

Contrariamente al período de reconstrucción que empezó en 1989, Tom no sintió la necesidad de efectuar un cambio en su *swing*. Pensó que éste era sólido.

En cambio, se concentró en su cuerpo y su mente. Desde el día de Acción de Gracias hasta Navidad, planificó dejar sus palos en el armario la mayor parte del tiempo. Y cada día, se ejercitó levantando pesas, haciendo *jogging* o utilizando los aparatos de gimnasia. Su rutina es variada, porque no quiere aburrirse. Pero siempre hay algo. Tom piensa que es en invierno cuando un jugador tiene que elaborar la fuerza y resistencia que necesitará llevar consigo la próxima temporada.

Ésta es la razón por la cual los escritores y comentaristas que han sugerido que Tom está ya de capa caída a la edad de cuarenta y seis están equivocados. Físicamente, está en una forma superior a la de la universidad; pesa menos, y es más fuerte. No había utilizado las pesas hasta hace poco. Ahora, al igual que muchos jugadores que quieren ser competitivos, cree firmemente en ellas.

Y Tom pasará mucho tiempo en el recinto que el construyó en su nueva casa, un santuario de madera oscura y de recuerdos entrañables.

Las paredes están cubiertas de cosas dignas de recuerdo: portadas de revistas, fotos, placas y trofeos. Le hacen recordar las hazañas importantes de su carrera de golf, y las personas que le ayudaron a lograrlas.

El cuarto tiene una televisión, un vídeo y un compartimento que contiene las cintas de vídeo de cada torneo que Tom ha ganado o jugado bien. Tiene una cinta llamada *Tom Kite Highlight Film* (Lo más interesante de Tom Kite), y tiene otra del modelo de *swing* de Tom Kite.

Sugerí a Tom que juntara las cintas más interesantes de su carrera y las mirara, porque siempre he sentido que Tom era, a veces, demasiado exigente y juicioso consigo mismo. En parte porque lo heredó de la ética equitativa del trabajo de su padre, que trabajaba como supervisor para el Servicio Interno de Aduanas. El Sr. Kite era el tipo de persona que nunca dejó de mejorar la eficacia del oficio que ostentaba. Si sus empleados hacían el 95 por cien de su trabajo correctamente, el Sr. Kite se quedaba preocupado por el 5 por cien restante y de cómo lograrlo. Sin duda alguna era una buena actitud para un supervisor del SIA. Pero para un golfista, eso es bueno hasta cierto punto. Una actitud perfeccionista y autocrítica puede ayudar a alguien a convertirse en un buen jugador. Pero no le ayudará a subir el siguiente escalón y convertirse en gran jugador porque, una vez en el campo, los grandes jugadores piensan más en lo que pueden hacer bien que en lo que están haciendo mal.

Tom aprendió esto de Harvey Penick en su infancia, el cual enfatizaba con mucho sentimiento los aspectos positivos del juego de cada alumno. Tom aprendió mucho viendo a los grandes jugadores de la generación anterior a la suya: Arnold Palmer, Lee Treviño y Gary Player, su ídolo de la infancia. Se percataba de su forma de hablar y de conducirse a sí mismos.

Pero esto era algo sobre lo que Tom necesitaba trabajar cuando nos encontramos la primera vez en 1994, justo antes del torneo del Doral en Miami. Hablamos mucho de cómo las personas efectivas saben apreciar sus mejores actitudes. Valoran sus logros, conocen sus defectos y trabajan para mejorarlos, pero los mantienen en perspectiva.

Incluso los grandes golfistas pierden más torneos de los que ganan. E incluso cuando ganan, cometen errores. Le dije a Tom que tenía que darse cuenta de que los mortales logran la perfección de forma pasajera. El resto del tiempo, están bien aleccionados para aceptar que son seres humanos, para aceptar el hecho de que los humanos cometemos errores. Le dije que no se olvidara de que es uno de los mejores golfistas del planeta incluso si falla algún golpe.

Tom ganó el Abierto del Doral en 1994, dejando por el camino a Jack Nicklaus.

A las ocho de la mañana del día siguiente me llamó para darme las gracias por mi ayuda. Durante un rato habló de lo increíble que es sentir que estás jugando bien y ganar a un campeón del calibre de Jack Nicklaus.

Luego dijo:

–Dios mío, debo de haber hecho el payaso cuando salté y lancé mi visera en el *green* del dieciocho.

Me reí.

–¡Hijo de la gran madre! –dije yo–. Si no puedes disfrutar haciendo *birdie* en cuatro de los cinco últimos hoyos y meter un *putt* de doce metros en el dieciocho para ganar a Nicklaus, entonces no te puedes divertir. ¡El mundo quiere verte divertirte jugando al golf!

Si Tom tiende a ser autocrítico durante las veinticuatro horas de uno de los mejores días de su carrera, no resulta difícil imaginarse lo que le puede afectar el jugar mal. Trabaja muy duro para mantener la actitud positiva y optimista que Harvey Penick le inculcó cuando era joven.

Las cintas le ayudarán a conseguirlo. Viéndose dar golpes espectaculares bajo presión, le refrescan la memoria. Le recuerdan lo bien que puede jugar. Tal y como dice: "Es un empuje del ego en un deporte donde el ego lo necesita muchísimo".

DE ESTA MANERA, mirará las cintas, levantará pesos, y cuando llegue la hora de practicar, lo hará con dureza. Ésa es la naturaleza de su compromiso.

A continuación, volverá al circuito, y todo el mundo le observará por televisión para ver si puede volver. Una vez Tom dijo que jugar un torneo de golf es caminar frente al público como un petimetre desnudo. Siente como si fuera vulnerable a cada crítico, a cada adivinador. Lo hace porque le gusta lo que siente cuando lo experimenta. Es un sentir del que nunca se cansará.

Pero pienso que pase lo que pase en el campo, Tom realmente no puede fallar. Al comienzo de cada año, establece las metas básicas para él mismo. No dice que quiere ganar un cierto número de torneos o de dólares. Tiene sueños: sueños de ganar torneos grandes. Y ahora, estoy seguro, sueña con ser el capitán que lleve a los Estados Unidos hacia la victoria en la Ryder Cup de 1997[2].

---

[2] Tom Kite fue el capitán americano de la Ryder Cup de 1997, celebrada en Valderrama, Cádiz, cuyo vencedor fue el equipo europeo. Además, ganó el Abierto OKI celebrado en La Moraleja 2 en 1997. *(N. de los T.)*

Cada día, su objetivo es el mismo: hacer lo que sea para convertirse en el mejor jugador que pueda ser. Porque tal y como honra su compromiso, Tom está destinado a continuar triunfando. Cuando su carrera llegue a su fin, posiblemente después del Senior Skins Game del 2015, será capaz de mirar atrás y darse el gustazo con algo que él y otra gente afortunada ha aprendido: Es el empeño lo que da a una persona el placer y la satisfacción. O tal y como lo dice Tom: "Disfruto mejorando. Es un gran momento".

Sabrá que su compromiso le hizo estar feliz y contento casi todos los días de su vida.

Ésta es la dicha que deseo para cada golfista.

Apéndice

Más principios de Rotella

- Para jugar al golf lo mejor posible, el golfista tiene que centrar firmemente su mente en el golpe que tiene entre manos, en el presente.

- Pero un jugador que confía en el proceso destinado a realizar buenos golpes nunca subirá el palo hasta que sepa dónde quiere enviar la bola, y crea que el palo que tiene entre sus manos la enviará allí.

- Casi todos los golfistas jugarían mejor si se olvidasen del resultado mientras juegan.

- Un jugador no puede hacer los resultados que pretende si está pensando en los mecanismos del *swing* en el momento de jugar.

- Un golfista tiene que entrenar su *swing* en el campo de prácticas, y luego confiar en él cuando esté en el campo.

- En el *putt*, el reto consiste en efectuar un golpe libre hacia un objetivo concreto. Guiar, conducir o ser cauteloso con el golpe de *putt* son errores provocados por la duda.

- La mente y el sistema nervioso de un golfista actúan mejor cuando están centrados en un objetivo pequeño y preciso.

- La elección acertada es la elección decidida.

- La aceptación es clave tras un mal golpe. Un jugador enfadado no puede realmente llevar a cabo la rutina mental que precede al golpe.

- Mientras la reglas sigan premiando el meter la bola en el hoyo en el menor número de golpes posible, el golf consistirá en jugar bien con los *wedges* y con el *putter*.

- Pero algunas veces, los golfistas se olvidan de que el objetivo del juego no es tener un gran *swing*, sino meter la bola en el hoyo.

- La enfermedad llamada *yips* no existe, excepto en nuestra mente.

- Toda persona atraviesa períodos en los que hace muchas cosas bien –practicar eficazmente, pensar correctamente–, y no logra resultados tangibles de inmediato. Es en este punto donde la gente con éxito pone a prueba las fuerzas de la fe, de la paciencia, de la constancia y de la voluntad. La fe es la capacidad de creer sin ninguna prueba palpable.

- Con una estrategia conservadora, unida a un *swing* arrogante, se consiguen resultados bajos. La osadía, unida a un *swing* dubitativo, es la fórmula para el desastre.

- Los deportistas que se convierten en perfeccionistas y autocríticos se meten en problemas.

- Los mejores remedios que he encontrado contra un bache golfístico son: conseguir ver las cosas con cierta perspectiva, centrarse en los aspectos positivos, esperar a que algo bueno suceda, y dedicar más tiempo al juego corto.

- En la vida, es más importante saber dónde vamos que saber dónde hemos estado.

- El estado mental óptimo es algo que el jugador debe trabajar con paciencia, día a día.

- ¿Qué es lo que viene primero, la confianza o la victoria? La conclusión, para algunos, es que uno no puede ganar hasta que no tenga confianza, y ésta no se adquiere hasta que uno haya ganado. Pero si ése fuera el caso, nadie ganaría por primera vez. El hecho es que la confianza que se necesita para ganar se puede aprender.

- Lo que distingue a los campeones no es lo que les ocurre, sino cómo deciden responder a lo que les sucede.

- La mejor manera de introducir a un niño en el mundo del golf es sin darle importancia.

- Los niños, tengan la edad que tengan, no aguantan mucho tiempo jugando al golf y practicando. Se hartan si alguien se lo impone, y dejan de divertirse.

- Un golfista tiene que aprender a poner cada cosa en su sitio. Los jugadores más felices son aquellos que lo hacen.

- Si usted puede ganar la batalla con su mente y emociones, y jugar lo mejor posible, entonces realmente no puede perder.

- Muchos sueños son alcanzables si el que sueña está dispuesto a dedicarles un esfuerzo constante e inteligente.

- La diferencia entre un sueño y una fantasía es el compromiso.

- Para mejorar, un jugador debe practicar de forma adecuada, trabajando tanto el *swing* como la mente.

Agradecimientos

DE NUEVO, TENGO LA SUERTE DE ESTARLE AGRADECIDO A MUCHA GENTE.

Todos los golfistas que han aparecido en este libro han contribuido jovialmente con horas de su tiempo y con recuerdos sinceros. Con lo cual, estamos en deuda con ellos.

Los estudiantes y profesores de la Escuela Curry de Educación de la Universidad de Virginia generosamente han empleado su tiempo para investigar al respecto y completar el libro.

Dominick Anfuso y Cassie Jones, de Simon & Schuster, proporcionaron el estímulo y un título. Rafe Sagalyn, nuestro agente literario, se encargó del formato. Guy Rotella Jr. leía el manuscrito a medida que iba progresando, y nos ayudó a ordenar nuestra sintaxis y a clarificar nuestro pensamiento.

Por último, nuestras familias –Darlene y Casey Rotella, y Ann, Peter y Catherine Cullen–, nos han perdonado afectuosamente las abstracciones de los deberes domésticos que el libro requería.

B. R. y B. C.

Acerca de los autores

EL DR. BOB ROTELLA, Director del Departamento de Psicología Deportiva en la Escuela Curry de Educación de la Universidad de Virginia, ha sido asesor de varias de las más relevantes organizaciones de golf del mundo, incluyendo la PGA americana, el Circuito PGA, el Circuito LPGA, y el Circuito Senior LPGA. Colaborador y consultor de *Golf Digest*, vive en Charlottesville, Virginia, con su mujer Darlene y su hija Casey.

BOB CULLEN ES periodista y novelista. Desde que empezó a colaborar con Bob Rotella, ha logrado rebajar su *handicap* nueve golpes, y por primera vez ha roto la barrera de los 80 golpes. Vive con su mujer e hijos en Chevy Chase, Maryland.